JN014922

新・教師論

チーム学校に求められる教師の役割と職務

Takuya Ishimura
石村卓也

Tomoko Ito
伊藤朋子

晃洋書房

序　　文

　本書は，2017年に刊行した『チーム学校に求められる教師の役割と職務とは何か』の改訂新版として著したものです。

　以下では，本書『新・教師論——チーム学校に求められる教師の役割と職務——』の趣旨やその概要を述べることにします。

　本書は，知識基盤社会，国際化，人口減少社会という時代背景における急激な変化の中で，我が国の教育もその対応が求められており，その教育をつかさどる教員も，新たな時代にふさわしい資質能力を備えなければならないとの問題意識から，「新たな教職の在り方」という課題を追究したものである。

　この課題の理解こそが教師の教育実践の活動のバックボーンとなるものであり，また教師の主体的・協働的に学ぶ授業を展開することができる力や教科横断的な視野で指導できる力など，実践的指導力の向上指標にもつながるものと考えている。

　本書のコンテンツについては12章立てとし，その概要は以下の通りである。

　「第1章　教職の意義」については，教職の誕生，先生，教師などの呼称と意味，戦前における訓導，教諭などの呼称と意味，教職の使命など教職の本質にアプローチする。

　「第2章　教師論」については，明治以降～現在に至るまで時代背景と教師像を概観し，現在の教職専門職論について考察する。

　「第3章　教員の服務」については，服務制度を豊富な具体的な事例を挙げるなど簡明を心がけ説明をする。

　「第4章　教員養成」については，1872（明治5）年以降～1945（昭和20）年頃までの初等・中等教育の教員養成制度，1947（昭和22）年頃以降，開放制の原則を基に展開される初等・中等教育の教員養成制度を主要なテーマとし，最近の教職大学院まで言及する。

　「第5章　教員採用試験」については，都道府県指定都市等教育委員会が実施する教員採用試験の性格，種類，ねらい，評価対象，チャレンジする学生のストラテジー（strategy）など，さらに，その対策まで取り上げる。

　「第6章　資質能力向上と教員研修」については，教員研修の特殊性，教育公務員の研修制度，研修権問題，研修の種類と体系，とりわけ，初任者研修においては，拠点方式，メンター方式を取り上げる。さらに，国，都道府県教育委員会など研修制度の実態研修に係る服務などを扱う。

　「第7章　学校の組織」については，組織の定義，組織マネジメント，学校の組織の概念，校務分掌組織，主任制度，職員会議の意義等，チームとしての学校，集団とチームの相違，チーム・ビルディング，職務のデザインを議論の対象とする。

　「第8章　『チーム学校』に求められる校長・教員等の職務と役割」については，校長・副校長・主幹教諭・指導教諭・教諭など法制上及び，チーム学校を前提とした職務・役割，チーム・マネジメント，効果的チームの要素，チームワーク，リーダーシップ，効果的なコミュニケーション，チームの役割と責任の明確化，チーム・マネジメントの問題などを考察する。

　9章以降12章までは，教員の主たる職務である教育，とくに各教科等指導に関するコンテンツである。教育機能には，教科指導と教科外指導がある。これらの章においては，新学習指導要領の改正点を十分踏まえ取り扱っている。すなわち，学習指導要領において強調されている，新しい時代に必要となる子供の資質能力の育成である。それは，「何を知っているか，何ができるか（知識・技能）」であり，「知っていること・できることをどう使うか（思考力・判断力・表現力）」である。こうした方向性を決定づけるのは，情意や態度である。すなわち，主体的な学習態度や学習意欲，自己の感情や行動を統制する能力など，いわゆるメタ認知に関するものと，多様性・協働性，持続可能な社会作り，リーダーシップ・チームワーク，感性・思いやりなどの人間性に関するものである。これらは「どのように社会・世界と関わり，よりよい人生を送るか」の言葉に集約される。この資質能力を確実に身につけるには，「どのように学ぶか（アクティブ・ラーニング）」であり，子供に対する学習評価の充実である。すなわち，評価（Check）→改善行動（Action）→計画（教育課程編成：Plan）→実行（Do）→評価（Check）→…という組織的，協働的なカリキュラム・サイクルの充実，い

わゆるカリキュラム・マネジメントの充実を図らなければならない。こうした観点を踏まえて，各章を展開している。

　「第9章　カリキュラム・マネジメントと『主体的・対話的で深い学び』（アクティブ・ラーニング），情報活用能力」においては，教育課程，カリキュラム・マネジメント，教科指導の基本，学習指導の基本，主体的・対話的で深い学び（アクティブ・ラーニング），PBL，情報活用能力について取り上げ，カリキュラム・マネジメント，アクティブ・ラーニングなどの視点から学習指導を中心テーマとして議論を展開する。

　「第10章　各教科，外国語活動，『特別の教科　道徳』，ICT活用指導力」については，各教科・科目指導，見方・考え方，外国語活動と教科「外国語」，特別の教科　道徳，コールバーグの道徳性発達理論と道徳教育法，ICT活用指導力，GIGAスクール構想を取り上げ，議論を展開する。

　「第11章　特別活動，特別支援教育，生徒指導，学級経営」については，教科外指導として特別活動，課外活動の歴史，特別支援教育，生徒指導，児童生徒を取り巻く環境の変化と問題行動，学級経営（高等学校…ホームルーム経営）などを取り上げ，教科指導と教科外指導の共通の根幹をなす生徒指導，学級経営を中心に議論を展開する。

　「第12章　『総合的な学習の時間』における探究学習」については，アクティブ・ラーニングの典型的なサンプルであり，教育課程に位置づけられている「総合的な学習の時間」を取り上げている。新学習指導要領で取り上げている「探究的な見方・考え方」に視点を据え，その変遷，本質にアプローチする。それは，問題の総合性，子供の認識の総合性，教育活動の総合性，見方・考え方の多面性と総合性，学際的なアプローチが顕著な特徴を有する。さらに，探究学習とデューイの「探究」，統合カリキュラムへと展開する。

　2021年1月の中央教育審議か答申において取り上げられた令和の日本型学校教育についても取り上げる。

　以上のコンテンツを持つ本書を通読していただければ，教育をつかさどることを職務とする教職の本質に迫ることができるであろう。

　本書が，何より教職関係者等にとって有益となれば，幸甚です。

　末筆ながら，特に編集部の阪口幸祐氏には，大変お世話になった。この紙面をお借りしてお礼を申し上げます。

2021年8月盛夏

石 村 卓 也
$\left(\begin{array}{l}\text{大和大学教育学部，京都教育大学}\\\text{同志社女子大学の教授など歴任}\end{array}\right)$
　　　　　　　　　　　甲南大学文学部教授　　伊 藤 朋 子

目　　次

序　　文

第 1 章　教職の意義　　　　　　　　　　　1

第 2 章　教　師　論　　　　　　　　　　　12

第 3 章　教員の服務　　　　　　　　　　　35

第 4 章　教 員 養 成　　　　　　　　　　　50

第 1 章

教職の意義

1 はじめに

　日常的には，「教師」（小学校，中学校，高等学校などの教師）は，先生，教諭，教員などという呼称を持っている。その中には，法令等の中で使用されている法定用語もあればそうでないものもある。このような用語の持つ意味，中央教育審議会等の答申，各種アンケートなどを通じて，教職の意義と「あるべき教師像」について考察する。

2 教　職

1．教職の誕生

　チグリス・ユーフラテス両河地域は，定期的な増水や運河の整備により肥沃な土地となっていた。それゆえ，エジプトなどよりも早から農業が行われ，B.C.3500年頃にはメソポタミア文明がつくられた。

　楔形文字が完全な文字体系として整理されたのはB.C.2500年頃であり，

図1-1　楔型文字

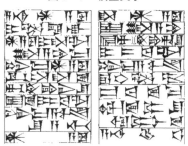

シュメール人は，契約書，計算書，王の称号，法律などを文書として，粘土板に刻んだ（図1-1）。文字が実用化されると，文書を扱う専門的職業人として官僚である書記官が存在することになり，文書を収納する図書館には書記官養成のための附設学校が設置され，書記官が教師として書記官養成の役割を果たし文字習得に努力したと考えられる。事実，教科書，お手本，練習として使った粘土板が出土している。当時の書記官の地位は高く，裁判官，行政官，神官，教師としての役割を果たしたと考えられる。

B.C.430年頃，ギリシャのポリスを巡回し，人々に知識，弁論術を教えて報酬をとる教師，即ち，ソフィスト（かしこい人）がいた。プラトン（Platon, B.C.427～B.C.347）は，彼らのことを「知識の商人」と呼び軽蔑していたが，彼らの授ける知識，弁論術は，当時の民主政治の社会において，立身出世の有力な手段であり，富と名声を手に入れることができた。なかでもイソクラテス（Isocrates, B.C.436～B.C.338）は，当時のギリシアにおいて最も影響力のある修辞学者であり，自ら修辞学学校を開き修辞学を教え高額の謝金を取って財を蓄えた。

古代ギリシアにおける貴族の少年は，体育，音楽，文法を専門教師から習っており，学習形態は，私塾としての学校において，1：1の鞭を利用したものであった。パイダゴーゴス（教僕：奴隷身分の家庭教師）が少年の私塾への送迎，少年の勉強相手や身辺の世話をしていた。すなわち，専門的な内容を教える教師と身辺生活の指導を行う担当者とが異なり，「教」と「育」が分離していた（図1-2）。

後に，ペスタロッチ（Johann Heinrich Pestalozzi, 1746～1827）やヘルバルト（Johann Friedrich Herbart, 1776～1841）によって「教」と「育」の統一がなされた。

現在では，教育学上，教育は，「陶冶」という機能と「訓育」という機能をもつとされている。この場合，「陶冶」は知識や技能の形成をおもな目的とする知的教育，つまり教授と同じ意味で用いられている。現在の教育課程でいえば，「国語」「数学」などの教科指導である。「訓育」は，感情・意志・行為などに働きかけ人格の形成を目ざす教育作用であり，現在の教育課程でいえば，「道徳」や「特別活動」の指導であり，もっと広義にとらえると，生徒指導ということになる。

このように教育作用は，「陶冶」と「訓育」の作用を含んでいる。

学校教育法第37条第11項に「教諭は，児童の教育をつかさどる。」と規定し

図1-2 専門的な教師と貴族の子供，その子供に付き添うパイダゴーゴス

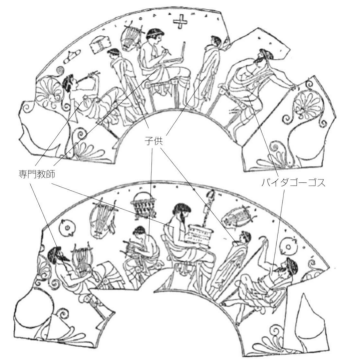

出所：梅根悟『新装版 世界教育史』新評論社，2002年，p. 65より作成。

ているが，一人の教諭が，「陶冶」と「訓育」の作用を含む教育作用の主体者
であることを意味している。

　ちなみに，パイダゴーゴス（paidagogoes，pais「子ども」+ago「導く」）は，子供
を導くという意味がある。その意味も踏まえ，少年の勉強の面倒をみるための
技術がパイダゴーギケー（paidagōgikê）であり，「教育学」の由来となった。ペ
ダゴーギーク（独：pādagogik），ペダゴジックス（英：pedagogics），ペダゴジー（仏：
padagogy）の語源となっている。したがって，「教育学」は，元々，教育技術学
的色彩が濃い学問である。また，同じ古代ギリシャ語で「余暇」を意味するス
コーレ（scholē）は，「学校」を意味するスクール（英：school），エコール（仏：
ecole），シューレ（独：Schule）の語源となっている。

2．先生，教師，教諭など

（1）先　生

　一般には，教師の類似語であるが，敬称語，他人を親しみ又はからかって呼ぶ称であったり，職業名や原義として使用されている。「先生」は法定用語ではない。

○　教師の類似語。「小学校の先生」

○　学徳の優れた人，自分が師事する人，また，その人に対する敬称で，師として学問，技術，技芸などを教える人。「塾の先生」「お花の先生」

○　教師，医師・代議士，師匠など，学識のある人や指導的立場にある人に対する敬称語。　その人の氏名の代わりの代名詞として，また，氏名の後につけて敬称としても用いる。「先生方お集まりいただいて」「先生，おはようございます。」「安倍先生」

○　親しみやからかいの意を含めて他人をよぶこと。「ははあ先生今日は宅に居るな」〈漱石・彼岸過迄〉

○　自分より先に生まれた人。年長者。（原義）「年の賀も祝はれず，先生にはあるまじきことなり」〈鶉衣・戯八亀（横井也有の俳文集）〉

（デジタル大辞泉，明鏡国語辞典，新漢語林など）

　以前から幼稚園，小・中学校の教師が，児童・生徒に対して，自称語として使用しているが，最近では，高校においても，自称語として使用していることが散見される。

　例：「先生が教室に入るまで準備しなさい。」

（2）教　師

　一般的には，学校の教員のことをいうが法定用語ではない。

○　学術・技芸を教授する人。「家庭教師」　○　公認された資格を持って児童・生徒・学生を教育する人または教員。「国語の教師」「教育学の教師」

○　宗教上の教化を行う人。

（広辞苑第二版補訂版，p569，デジタル大辞林など）

（3）教　員

　学校職員のうち，直接児童・生徒・学生を教育する職務に従事する職員の総称で，法定用語である。

> 教官…国立の学校・研究所などで教育・研究に携わる人。「国立大学及び附属学校などの文部科学省に所属する文部科学教官」「少年院等の法務省に所属する法務教官」。
> 　私立大学や技術を教える専門学校などの教員。「○○自動車学校の教官」
> 　旧陸海軍の学校の教職者，又旧制の学校で教練を担当した軍人。
> 　教官そのものは，法定用語ではない。

（デジタル大辞林，明鏡国語辞典など）

（4）教育職員

　一般的に学校教員を指す法定用語であり，校長・副校長・教頭・主幹教諭・指導教諭・教諭・講師・助手などを意味する。「教育職員免許法」，「公立の義務教育諸学校等の教育職員給与等に関する特別措置法」，「学校教育の水準の維持向上のための義務教育諸学校の教育職員の人材確保に関する臨時措置法」などにみられる職種。

（5）教職員

　校長・教員及び事務職員，栄養職員など教育関係の仕事につく職員をいい，法定用語である。

（6）教　諭

　教育職員免許法による普通免許状を有する，幼稚園，小学校，中学校，義務教育学校，高等学校，中等教育学校，特別支援学校の正教員または，旧制では中等学校の正規の教員をいう。

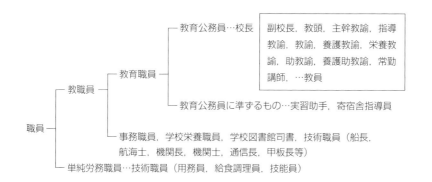

　この図にあるように，校長は，辞令行為として，教員を辞職し校長に採用するのは，その職務内容からも教育活動を行うことが予定されていないからであり，そのため，教員の範疇には入らない。**公的な表示の場合，校長・教員とし**ている。

　幼保連携型認定こども園は，園長，副園長，教頭，主幹保育教諭，指導保育教諭，保育教諭，助保育教諭及び講師を設置するないしは設置することができる（「就学前の子どもに関する教育，保育等の総合的な提供の推進に関する法律」第14条）。園長以外は，教員である。

　戦前の学校教育制度における小学校，国民学校の正規の教員の職名は「訓導」といった。この職名が法定化されたのは1873（明治6）年8月の官立諸学校の「教員等表」（太政官布告第296号）が施行され，大学教員が**「教授」**，中学教員を**「教諭」**，小学教員を**「訓導」**とした。また，1874（明治7）年7月，「小学校教員タラン事ヲ欲スル者ハ小学訓導タルヘキ証書可相与ノ事」（文部省布達第21号）には，小学訓導になるためには，大学区官立師範学校の試験により小学訓導の証書が与えられることとなっていた。

　1881（明治14）年7月の「小学校免許状授与方心得改正」では小学校全教科の免許状を得たものは「訓導」，いくつかの教科の免許状を得たものを「准訓導」としたが，それ以後「訓導」は正規の教員の呼称となった。

　尋常小学校准教員代用の無資格者を准訓導心得（代用教員）という。

　歌人の石川啄木が，1906年4月から，渋民尋常高等小学校において代用教員

をしていたことはよく知られている。

　中等学校，高等女学校，実業学校，特殊学校の正規の教員は教諭といい，助教諭や一定数の教授も設置された。

　文豪　夏目漱石も1895年4月から愛媛県尋常中学校（松山中学校）へ，赴任している。このときの経験が小説「坊ちゃん」に生かされている。

　旧制高等学校，高等専門学校，大学には教授，助教授，講師が設置された。

　外国人の教師で教授に準じるものを「教師」として設置した。

3．教職の範囲

　「教員」，「教育職員」と同様の意味を持ち，具体的には教育活動に直接従事する校長・教頭・教諭・講師等の職名を包括する職業をいう。

　学校の教師，教育委員会の職員，学校の事務職員，給食調理員，社会教育関係職員，更に塾講師などあるが，このうち学校で教育活動に直接従事する，即ち，児童・生徒・学生を教育指導する職務を有するものをいう。

　法令等にみられる教職とは，以下の通りである。

① 公立義務教育諸学校の学級編成及び教職員定数の標準に関する法律
・目的…公立義務教育諸学校の学級規模・教職員配置の適正化を図るため，学級編成及び教職員定数の標準についての必要な事項を定める
・教職員…（同法第2条第3項），校長・副校長・教頭・主幹教諭・指導教諭・教諭・養護教諭・栄養教諭・助教諭・養護助教諭・講師・寄宿舎指導員・学校栄養職員・事務職員

② 学校教育の水準の維持向上のための義務教育諸学校の教育職員の人材確保に関する特別措置法
・目的…義務教育諸学校の教育職員の給与について特別の措置を定めることにより，優れた人材を確保し，もって学校教育の水準の維持向上に資する
・教育職員…（同法第2条第2項），校長・副校長・教頭及び教育職員免許法第2条第1項に規定する教員（主幹教諭・指導教諭・教諭・養護教諭・栄養教諭・助教諭・養護助教諭・講師）

③ 公立の義務教育諸学校等の教育職員の給与等に関する特別措置法

・趣旨…教育職員の職務と勤務態様の特殊性に基づき，その給与その他の勤務条件についての特例
・教育職員…（同法第2条第2項），校長（園長を含む）・副校長（副園長）・教頭・主幹教諭・指導教諭・教諭・養護教諭・栄養教諭・助教諭・養護助教諭・講師・実習助手・寄宿舎指導員

④ 義務教育諸学校における教育の政治的中立の確保に関する臨時措置法
・目的…教育を党派的勢力の不当な影響又は支配から守り，もって義務教育の政治的中立を確保するとともに，これに従事する教育職員の自主性を擁護すること
・教育職員…（同法第2条第2項），校長・副校長・教頭・主幹教諭・指導教諭・教諭・助教諭・講師

⑤ 教育職員免許法
・目的…免許に関する基準を定め，教育職員の資質の保持の向上を図ること
・教育職員…（同法第2条第1項），主幹教諭・指導教諭・教諭・助教諭・養護教諭・栄養教諭，養護助教諭・講師，主幹保育教諭，指導保育教諭，保育教諭，助保育教諭及び講師

⑥ 教育公務員特例法
・趣旨…教育公務員の職務とその責任の特殊性に基づき，任命・給与・分限・懲戒・服務及び研修等について規定
・教育公務員…同法第2条第1項，
　学長・校長（園長を含む），
　教員…教授・準教授・副校長（副園長），教頭・主幹教諭・指導教諭・教諭・助教諭・養護教諭・栄養教諭・養護助教諭・講師，栄養教諭・主幹保育教諭・指導保育教諭・保育教諭・助保育教諭及び講師
　部局長…副学長・学部長・大学付属研究所・病院長・図書館長
　教育長
　専門的教育職員…指導主事・社会教育主事

　各法令の趣旨・目的によって，対象職種は異なるが，ほとんど共通している

職種は以下の通りである。

校長・副校長・教頭・主幹教諭・指導教諭・教諭・養護教諭・栄養教諭・助教諭・講師，栄養教諭・主幹保育教諭・指導保育教諭・保育教諭・助保育教諭及び講師（教育職員と同義，大学の教授等も教員であり含まれる）。

4．教職の特殊性

　教育は，人間を対象とし，人格の完成をめざし，その育成を促す営みである。それゆえ，教育の仕事に従事する教員の職務は極めて困難であり，したがって，高い専門性，教育的信念，職業倫理等から，他の職業にみられない**職務の特殊性**が存在するうえ，勤務態様についても一般の公務員とは異なり，学校内の教科授業以外に，野外観察等や修学旅行，遠足などの学校行事のように学校外で行われる他，家庭訪問や自己研修なども必要に応じて学校外で行われるなど，**勤務の特殊性**も存在する。

5．教職の使命

　国公立学校の教員は**全体の奉仕者**であり，さらに，法律に定める学校（学校教育法第1条に規定：幼稚園，小学校，中学校，義務教育学校，高等学校，中等教育学校，高等専門学校・大学・特別支援学校）の教員は国公立・私学を問わず自己の崇高な**使命を深く自覚し，絶えず研究と修養に励み，その職責の遂行に努めなければならない**とされている。

　（根拠）

　　憲法第15条第2項…すべて公務員は**全体の奉仕者**であって，一部の奉仕者ではない。

　　地方公務員法第30条…すべて職員は，**全体の奉仕者**として公共の利益のために勤務し，且つ，職務の遂行に当たっては，全力を挙げてこれに専念しなければならない。

　　教育基本法第9条第1項…**法律に定める学校の教員は，自己の崇高な使命を深く自覚し，絶えず研究と修養に励み，その職責の遂行に努めな**

けれIばならない。

国公立学校，私立学校を問わず教員は，崇高な使命感を自覚し，研修に励み職責の遂行に努めることになるが，教職の使命は「人づくりを目指す崇高な使命」とされていることから，以下のような側面を持つと考えられる。

① 児童・生徒の人格形成に影響

教諭の主な職務は，教育をつかさどることであり，その作用は，学習指導や生徒指導などの機能を通じて行われる（根拠：学校教育法第37条第11項「教諭は，児童の教育をつかさどる」）。学習指導には，教科指導等を通じて生活に必要な国語の理解，それを使用する力，生活に必要な数量的関係の理解，それを処理する能力，社会の仕組みと歴史，自然の現象などの知識・技能，それらを活用して課題を解決するために必要な思考力，判断力，表現力などと主体的な学習に取り組む態度などを身に付けるとともに，人格形成にかかわることになる。生徒指導においては，個人としては，その価値を尊重し，自主・自律の精神を養い，集団との関わりにおいては，集団生活を通じて，正義と責任，自他の敬愛と協力を重んじ，公共の精神，規範意識を醸成し，主体的に社会の形成に参画し，その発展に寄与する態度を養うこととなる。

それゆえ，教師の一挙一動は児童生徒の人格形成に大きな影響を与え，教師の言動は児童生徒の鏡となること，つまり教師には人格の高潔さが期待されている。そこに教職の特殊性が存在する。

② 地球的視野に立った行動

勤務する学校の児童生徒に対しなされる教師による教育は，国家及び社会の形成者，即ち，国家及び社会に有為な人づくりであり，その人づくりを通じて，よりよい社会の形成に繋がり，また文化においても水準の維持と向上に寄与している。このように国家，社会を構成する人間の集合体として捉え，教師は，社会，ひいては国家及び地球にまで深く関わっているとの自覚が必要とされる。

③ 地域社会へのかかわり

教師は，地域の教育機関であるとともに地域の文化的機関である学校に勤務し，授業参観，文化祭，体育祭など学校行事などの学校開放，PTA活動，地

域懇談会，保護者会などを通じて地域社会と深く関わり，地域社会の文化の創造と発展に寄与するとともに地域社会の人づくりに関わっている。

　教職を目指す者は，目前の子供の発達を促すことはもちろんのことであるが，家庭，地域社会，市区町村，都道府県，国家及び地球へと，子供の成長を通じてその影響は同心円的に限りなく拡大して繋がっていることを自覚すべきである。子どもの特性を把握しながら，地域社会や国家にも目を向けグローバルな視野から，学校教育に携わることが必要である。

考　察

1　先生，教師，教諭の意味について述べよ。
2　教職の特殊性について述べよ。
3　教職の使命について議論してみよう。

■ 参考文献

石川松太郎（執筆者代表）『日本教育史』玉川大学出版，1987年。

梅根悟監修，世界教育史研究会編『世界教育史体系30巻　教員史』講談社，1981年。

梅根悟監修，世界教育史研究会編『世界教育史体系1巻　日本教育史Ⅰ』講談社，1981年。

梅根悟監修，世界教育史研究会編『世界教育史体系2巻　日本教育史Ⅱ』講談社，1981年。

梅根悟監修，世界教育史研究会編『世界教育史体系3巻　日本教育史Ⅲ』講談社，1981年。

梅根悟『新装版　世界教育史』新評論社，2002年。

高野桂一「教師の職制──その歴史と課題──」『教育社会学研究』Vol.13，1958年。

文部省編『学制百年史（記述編，資料編）』帝国地方行政学会，1972年。

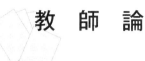

第2章

教 師 論

1 はじめに

　教師論は，国や時代的背景によって変化する。

　日本の場合は，近世の中頃から庶民の家庭では，**寺子屋**に子どもを通わせて勉強をさせる習慣が一般化した。師匠は，下級武士，浪人，僧侶，神官，庶民などであり，明治の初期まで，**読み・書き・そろばん**（3 R'sという：reading, writing, arithmeticの3語）などの初歩的教養を授けた。また，**私塾**は，天保年代以降（1830年〜）およそ1200設けられ，その入門資格は武士庶民を問わず，有志者の向学若しくは自発性に基づくものであった。

　教師は，下級武士もいるが多くは民間の学者である。明治初期の教師は，こうした師匠的教師や士族的教師など，階層の上からも精神的文化的教養の点からも庶民の上に立つ指導者階級であった。

　欧米の場合には，庶民教育の担い手は，主に寺院に仕える寺男や書記である。

　18世紀の中頃の比較的庶民教育充実に努めてきたドイツでの具体例を挙げれば，ゴータ公国（現ドイツのテューリンゲン州の一部にあり，17世紀中頃，エルンストⅠ世が統治した公国）において，エルンスト公は教育に熱心で庶民学校の充実に努めたがエルンスト公がなくなり（1675年），18世紀中期にその偉業を継いでいこうとして，教会学校充実のため，ゴータ司教寺院の僧会回章において，警告として，「十分な学問をしないで教職に就いていること，子どもに教義問答書の正しい理解を呼び覚ますことができないこと，説教の要領を書き留めることが

できないこと，自然についての授業ができないこと，ペン習字も算術もできないこと」などを挙げ，「熱心な教師を選び，このようなものを教職から退けるよう」にと指令を出している。当時の教師は，民衆学校とともに教会に隷属しわずかな報酬のため，教会で雑務をする僧の役割を持っていた。教育の専門家らしい知識や技術も稚拙で経済的に不安定というイメージがあり，市民から尊敬されるようなものでなく，社会的地位も低かった。

2 戦前の教師像

　寺子屋に端を発した明治前期の教師は，武士出身の教員が多いこともあり，武士気質を持ち，国士的で**天職的・聖職者的**（師匠的・士族的）**教師像**を持っていた。

　1887（明治19）年，初代文部大臣　森有礼は，師範学校令を公布し，師範学校に，順良・信愛・威重を綱領とし，知識よりも人物養成に力を入れ，軍隊的な全寮制を導入する。明治30（1897）年代に入り，教師に対する政治的な圧力が加わり，このような師範学校令によって，次第に型にはまった教師が養成されるようになると，今までの天職的・聖職者的な教師像から型にはまった**師範的教師像**へと変化した。

図2-1　戦前の子供の様子

　大正期に入ると，従来から見られた天職という観念は資本主義の発達とともに失われ，女教員が職業婦人的性格を持ち，急速に教育界に進出し，また，教員も武士階層階級から農民階層へと移行し，第一次世界大戦（1914〜1918年）後は**職業人**（サラリーマン）化してきた。

　昭和に入り，1931（昭和6）年の満州事変，1937（昭和12）年の日華事変以降，政治，経済，国民生活全体が軍事体制と変わり，太平洋戦争（1941〜1945年）突入とともに教育界も軍の指揮下に入り，**背広の軍人**となった。

① 天職的・聖職者（師匠的士族）型

　師匠的教師像は江戸時代以来の寺子屋師匠の伝統を引き継ぐ明治初期までの教師をいい，私的な人間関係を重視する天職的な教職観を持っている。その後の自由民権運動期になると，教員が民権運動に参加する例は少なくなく，意気盛んな士族的教員が支配的になる。こうした教員は，公教育制度としての学校制度確立に伴い，文明開化や富国強兵などの社会的啓蒙を行うという公的期待や公的役割を果たす公職としての教職観を持っていた。

② 師範型

　1880（明治13）年の集会条例，1881（明治）年の「小学校教員心得」，更に続いて出された「学校教員品行検定規則」などの条例や心得，規則が，教員を何かと束縛するようになった。

> 「小学校教員ノ良否ハ普通教育ノ弛張ニ関シ普通教育ノ弛張ハ国家ノ降盛ニ係ル其任タル重且大ナリト謂フヘシ今夫小学校教員其人ヲ得テ普通教育ノ目的ヲ達シ人々ヲシテ身ヲ修メ業ニ就カシムルニアラスンハ何ニ由テカ尊王愛国ノ志気ヲ振起シ風俗ヲシテ淳美ナラシメ民生ヲシテ富厚ナラシメ以テ国家ノ安寧福祉ヲ増進スルヲ得ンヤ小学教員タル者宜ク深ク此意ヲ体スヘキナリ…」（小学校教員心得）

③ 職業人型

　その後，師範型より遅れて登場し，第一次世界大戦以降経済界は好況となり，物価は暴騰し，教師は低給料に甘んじることになる。その後の昭和の不況期には，首切りや俸給不払い，俸給強制寄付を要求されるなど，惨憺たる状態にあり，サラリーマンとしての職業性を自認せざるを得なくなる。

④ 背広の軍人

　1927（昭和２）年の兵役法（徴兵令の改正の法律）に，現役服役期間の１年短縮，貧困者の徴集延期，兵役免除範囲の拡大，幹部候補生制度の創設とともに，師範学校卒業者の１年現役兵制を五〜七か月の短期現役兵制（第10条）へなどの改正点が設置された。この短期現役兵制は，教員に対して，軍人精神を体得させ，国防及び軍備の梗概を習得させ，国民の教育に当たらせることとし，短期現役教員で成績良好な者は，除隊の際に下士官適任証が与えられた。そのとき受けた訓辞は，「君たちは今日下士官に合格し満期除隊する。今日**軍服を脱いで背広になるが，軍服を脱いでも心の軍服は脱いではならない。**」（唐沢富太郎編著『図説教育人物辞典　中』ぎょうせい，1984年，pp.30-31）として背広の軍人であることを期待された。

　戦前の模範的な教師像については唐沢と研究協力者長尾が，1955（昭和30）年に，愛知県下の現職小中学校校長及び転退職した教職経験者の中から150名を抽出し，推挙する**模範的教師**とその理由について調査をしている。

　その結果によれば，① 教育研究に熱心，よく読書し勉強する。② 勤勉努力ひたすら校務に精励。③ 円満，調和的な人柄。④ 名利栄達を求めず，天職として教育に従事。⑤ 父兄の信頼が厚い。⑥ 後輩の教職員の面倒を見る。⑦ 子どもをかわいがり，子どもからも敬愛されている。⑧ よく己を省み，修養に努めている。⑨ 教職員を統率する能力に優れる。⑩ 頭脳が鋭敏などが挙げられている（同書，p.32）。

3 ┃ 戦後の教師像

　戦前から引き続きある教職観は，天職的伝統的教職観であり，それは，**聖職者**としての教職観である。また，戦後新たに登場するのは，日本教職員組合（日教組）*が1952（昭和27）年６月付け「教師の倫理綱領」第８項に主張する労働者としての教職観がある。

　1955（昭和30）年11月，自由党と民主党が憲法改正を目指して保守合同し，自由民主党が結成される。一方，講和，安保両条約をめぐる対立から左右両派に分裂していた社会党が1955（昭和30）年10月に統一され，いわゆる**55年体制**

が成立する。

　以降，文部省と日教組は鋭く対立することになる。

＊日本教職員組合（日教組）は，1947（昭和22）年6月8日に橿原神宮外苑において，1945（昭和20）年以降結成された教職員組合と大学専門学校教職員組合協議会が一本化され，日本教職員組合の結成大会が開かれた。歴史，規模とも結成以来一貫して日本最大の教職員組合であり，55年体制下においては日本社会党を支持する労働組合である。

　日教組組織率は，昭和30年代前半においては，86％台であったが，昭和40年代は50％台を維持していたが，1989（平成元）年末に反主流派の日本共産党支持グループが脱退・結成した全日本教職員組合（全教組）と分裂し，日教組の組織率は30％台となり次第に影響力を失いつつある。

　1955（昭和30）年代に入ると，具体的には，1958（昭和33）年の中央教育審議会答申「教員養成制度の改善方策について」の中に「専門職業としての教員に要請される高い資質の育成のためには，教員の養成を大学において行うという方針を堅持すると同時に，開放的制度の下におけるこれらの欠陥についてはすみやかにこれに改善を加え教員の育成のための体制の整備を図り，その教育基準を確立しなければならない」と述べるなど，**教育専門職的**教職観が強く求められ，その方向性は現在に至るまで続いている。

　教員評価を低下させるものとしては，1955（昭和30）年代の，「でも先生」「しか先生」といった教師批判を含む言葉が生まれ，教職に対する社会的な評価が低下する。この理由は，昭和30年代から昭和40年代における日本経済の高度成長が背景として，団塊世代の大量の児童生徒が入学や進学することにより，採用枠の拡大という広き門の教員採用があったことから，「教師にでもなるか」「教師にしかなれない」人が教師になったと揶揄されたことによる。

　その他，テレビドラマにおいては，1965（昭和40）年代後半の京都市立伏見工業高校の実話を基にした「スクールウォーズ」（1984「昭和59」年）の「泣き虫先生」，「3年B組金八先生」（1979「昭和54」年）の新米教師「金八先生」などに見られる熱血教師，漫画においては，藤沢とおるの「GTO」（1997「平成9」年～2002「平成14」年）は，元暴走族という経歴を持ち，金髪に耳ピアスという「鬼塚英吉教師」に見られるヤンキー教師などがある。

　以下では，特に中心的な教職観として聖職者論，労働者論及び教育専門職論
について考察する。

1．聖職者論

　1886（明治19）年，師範学校令制定され，その第 1 条に，
　第一条「師範学校ハ教員トナルヘキモノヲ養成スル所トス但生徒ヲシテ<u>順良
信愛威重ノ気質</u>ヲ備ヘシムルコトニ注目スヘキモノトス」とあるように，「順
良信愛威重ノ気質」を備えた教師の養成を目的としている。当時の文部大臣森
有礼（1847～1889年）は，**天皇制国家の忠良な臣民育成のための直接的な担い手
としての教師像**を展開し，学問をする学者と区別し，**知識の伝達者**であるとと
もに，**政治的中立で子供に道徳的感化を与えうる人格の所有者**でなければなら
ないとした。教職の天職性の強調する教師聖職論は，天皇制絶対主義国家が規
定する教育目的の至上命令化の中で支配的になってくる。

　　人間的品格が高く，他人の模範たる行動や態度をとること，
　　教育に対する強い使命感をもって子供のために尽くすこと，
　　世俗の欲得にとらわれず清貧に甘んじて，自己の利益を超えて教育に奉ず
　　る確たる姿勢を持つこと，

等が期待された。
　教師を一般の職業と異なる性質を有するものと認識するのは，それが，単に
知識・技術を伝達するにとどまらず，未発達の子供の人格形成に働きかける職
業であるからである。そのため，教師自身の人格や態度に対して，一般の職業
人以上の厳しさが要求されている。特に，戦前の教師は，子供からの尊敬対象
とあるべき国民像の同一化によって，国民教化が全国民層に行き渡らせるため，
理想の国民としてのロールモデル（role model）**の役割**を付与されていた。

（1）文学にみる教師像
① 添田知道（1902～1980年）著『教育者』
　知道が明治末期，万年小学校に在学して坂本竜之輔校長から直接薫陶を受け
たものであり，坂本竜之輔を主人公とする実録小説である。生涯，働く民衆の
中に生き，反骨精神を貫きながら，日本の将来を託す児童の教育，即ち近代的

国民教育の最底辺におかれた貧児教育に，激しい情熱と気迫を以て生き抜いた一人の教師。

② 新田次郎（1912～1980年）著の『聖職の碑<ruby>いしぶみ</ruby>』

　大正2年8月，この地方に定着している駒ヶ岳への学校登山で台風に遭い遭難した生徒たちと殉職した教師の実話を描いたものである。中箕輪<ruby>みのわ</ruby>尋常高等小学校高等科2年生25名，青年会員9名，引率　清水，征矢，赤羽校長の37名が，修学旅行中，暴風雨に襲われ，山小屋を急造して避難し，生徒9名教員2名が遭難する。このときの赤羽校長をはじめとする有賀主任訓導など。

③ 壺井栄（1899～1967年）著『二十四の瞳』

　「昭和三年四月四日，農山漁村の名が全部あてはまるような，瀬戸内海べりの一寒村へ，若い女先生が赴任してきた」から始まり，戦前から戦後にかけての「おなご」先生と12人の教え子の心の触れ合いを描くとともに，貧しい暮しや戦争の悲惨さが描かれている。この「おなご」先生である大石先生。

（2）教員給与制度における教職調整額導入時にみる教師像

　教員給与制度は，戦後，戦前の勅令による身分給を核とする官吏俸給令から法律による職務給を核とする給与法に変わった。1948（昭和23）年，教員の勤務の特殊性から，教員は一般職員の約1割高い俸給に位置づけ，有利性を確保する。また，文部省は，教員の場合には，超勤手当を支給しない（宿直，日直手当は除く）こととし，同時に「教員の勤務時間について」（昭和24年2月5日文部事務次官通達）に，勤務時間を1週48時間の割り振り，「教員には原則として超過勤務を命じないこと」を指導原則とした。

　1953（昭和28）年8月，一般職俸給表から独立し，教育職員の特別俸給表が施行され，1954（昭和29）年1月から3本立て（小中，高，大）として実施し，さらに1957（昭和32）年6月，画期的な等級制の給与体系の切替えが実施されるなど，その給与構造のフレームは現在に至るまで，変わっていない。

　教員には原則として超勤を命じないという文部省の指導方針がとられていたが，法的には，公立学校教員には労働基準法が適用され，そのため，教員の超過勤務の事実をめぐって判断は分かれ，超勤手当支給を求める訴訟が提起された。1968（昭和43）年以来，超過勤務手当請求訴訟が全国一斉に提起されており，いずれも，その判決は，教員に超過勤務の観念を認めることはその労働の性質

と相容れないものではなく，超過勤務に対して，超過勤務手当てを支給すべきとした。

　文部省は，1966（昭和41）年4月3日から1967（昭和42）年4月1日までの1年間にわたり教職員の勤務状況調査を実施し，その結果，超過勤務手当算定の基礎となる給与は，給料月額の約4％に相当するとした。

　1971（昭和46）年2月16日，政府から「国立及び公立の義務教育書学校等の教育職員の給与等に関する特別措置法」が国会に提出され，同年5月14日に成立し，教員の超過勤務問題が解決した。同法の趣旨は，教員の超過勤務問題を解決するため，超過勤務手当制度を適用しないこととするとともに，新たにその職務と勤務態様の特殊性に基づき新たに教職調整額を支給することを中心とする給与措置を講ずることにしたことであり，その際，勤務時間制度に関し，超過勤務を命じる場合について，文部大臣が人事院と協議して定める場合に限る等の制限を設けることとしたことである。

　この中で，教職調整額の性格について，人事院総裁が，衆議院文教委員会においてその趣旨を「教員の勤務は，勤務時間の内外を問わず，包括的に評価することとして，現行の超過勤務手当及び休日給の制度は適用しないものとし，これに替えて新たに俸給相当の性格を有する給与として教職調整額を支給することとする」と答弁している。

　これは，教育職員の職務と勤務形態の特殊性から，行政職員の時間計測による超過勤務手当とは馴染まず，勤務時間の内外を問わず，包括的に評価して俸給相当として給料月額の4％を教職調整額として一率に支給するというものである。また，ここでの職務と勤務の特殊性及び教職の聖職性については，次のように説明している。

　　教員の職務の特殊性…教育は，人間を対象とし，人格の完成を目指してその育成を促す営みである。このような教育の仕事に従事する教員の職務は極めて複雑，困難，かつ，高度な問題を取り扱うものであり，従って，専門的な知識，技能はもとより，哲学的な理念と確たる信念，責任感を必要とし，また，その困難な勤務に対応できるほどに教育に関する研修，専門的水準の向上を図ることが要求される。このように教員の職務は一般の労働者や一般の公務員とは異なる特殊性を持つ職務であること。

教員の勤務態様の特殊性…直接児童・生徒の教育を行う場合でも通常の教科・授業のように学校内で行われるものの他，野外観察等や修学旅行，遠足などの学校行事のように学校外で行われるものもある。また，家庭訪問のように教員個人の独特の勤務があり，さらに，自己の研修においても必要に応じて学校外で行われるものである。このように勤務の場所から見ても学校内の他，学校を離れて行われる場合も少なくないが，このような場合は，管理・監督者が教員の勤務を直接把握することが困難である。更に，夏休みのように長期の学校休業期間中の勤務は児童・生徒の直接指導よりも研修その他の勤務が多いなど一般の公務員とは違った勤務態様の特殊性があるものである。

聖職…一般的には，牧師，神官，僧侶のように神仏に仕える職を指し，又一方，ある職業を神聖視し，例えば，医師，看護士のごとき生命を預かる職をもって聖職と呼称することもあるように思われる。教職についてもこのような意味で，聖職とよばれたり，或いは，教職に生き甲斐を感じてそれに打ち込むという意味において天職と呼ばれることがある。教員は教育という精神的，倫理的な職務に従事するものであり，このため，教員に対しては一定の精神的，倫理的な期待が存すると言うことは出来よう。教職を聖職若しくは天職と呼称するかどうかは表現の問題であるが，教職には，単なる労働ではなく，右のような特殊な性格があると考えられる。

（上記3点は，いずれも国立及び公立の義務教育諸学校等の教育職員の給与等に関する特別措置法，昭和46.5.28，本法1条逐次解説「教育職員の職務と勤務態様の特殊性」から抜粋）

　このように，従来から教員は，職務と勤務の特殊性から一般公務員（労働者）とは異なるとし，聖職者として，位置づけている。

2．労働者論

（1）日教組の教師労働者論

　1946（昭和21）年11月3日，日本国憲法が制定され，その第28条において，労働基本権が規定されたため，教員の労働組合結成も可能となった。1945（昭和20）年12月，全日本教員組合結成，その後各地に教員組合が結成され，全国

組織化が進み，1946（昭和21）年 7 月，教員組合全国連盟（教全連），同年12月，全日本教員組合協議会（全教協）が結成された。1947（昭和22）年 2 月 1 日のゼネスト中止などの紆余曲折を経て，同年 6 月 8 日，奈良橿原神宮建国スタジアムにおいて，日本教職員組合（日教組）が結成された。これまでの聖職者観によって正当化されてきた教師から，教育労働者，即ち，教師は団結し，労働者であることを主張した。1952（昭和27）年，「教師の倫理綱領」*において，教師は労働者である，生活権を守る，団結すると宣言をする。

＊教師の倫理綱領…日本教職員組合が1952年 6 月16日「教師の倫理綱領」を公表した。
　以下に要旨を簡潔に記述する。
　「まえがき」…私たちの組合は，昭和27年に「教師の倫理綱領」を決定しました。決定されるまでの約 1 年間，全国の各職場では倫理綱領の草案をめぐって検討をつづけました。
　「自分たちの倫理綱領を，自分たちの討論のなかからつくろう」これが，私たちの考え方でした。私たちが，綱領草案をめぐって話しあいを行なっていた昭和26年という年は，全面講和か，単独講和か，これからの日本の歩む途をめぐって国論が二つにわかれてたたかわされていた時期です。私たちは，敗戦という大きな代償を払って，やっと手中にした「民主主義と平和」を危機におとしいれる心配の濃い「単独講和」に反対してきました。平和憲法に対する理由のない攻撃も，この時からはじめられました。
　このような時代を背景に，私たちの討論はつづけられました。そして，「平和と民主主義を守りぬくために，今日の教師はいかにあるべきか」「望ましい教師の姿勢はどうあるべきか」，私たちの倫理綱領草案の討論には，以上のような考え方が基礎になっていました。ですから，これはたんなる「標語」ではなく，私たち自身の古さをのりこえ，新しい時代を見きわめて，真理を追求する者のきびしさ，正義を愛する熱情に支えられた生きた倫理，民族のもつ課題に正しく応える倫理という考え方が，私たちの倫理綱領の基調になっています。つまり，歴代の文相などが理由のないいいがかりなどつけても微動もしない倫理綱領であるということがいえます。
　「項目」…1．教師は日本社会の課題にこたえて青少年とともに生きる。
　　　　　　2．教師は教育の機会均等のためにたたかう。
　　　　　　3．教師は平和を守る。
　　　　　　4．教師は科学的真理に立って行動する。
　　　　　　5．教師は教育の自由の侵害を許さない。

6．教師は正しい政治をもとめる。

7．教師は親たちとともに社会の頽廃とたたかい，新しい文化をつくる

8．**教師は労働者である。**

　　教師は学校を職場として働く労働者であります。しかし，教育を一方的に支配しようとする人びとは，上から押しつけた聖職者意識を再び教師のものにしようと，「労働者である」という私たちの宣言に，さまざまないいがかりをつけています。私たちは，人類社会の進歩は働く人たちを中心とした力によってのみ可能であると考えています。私たちは自らが労働者であることの誇りをもって人類進歩の理想に生きることを明らかにしました。

9．**教師は生活権を守る。**

　　私たちはこれまで，清貧にあまんずる教育者の名のもとに，最低限の生活を守ることすら口にすることをはばかってきましたが，正しい教育を行なうためには，生活が保障されていなくてはなりません。労働に対する正当な報酬を要求することは，教師の権利であり，また義務であることをしめしました。

10．**教師は団結する。**

　　教師の歴史的義務は，団結を通じてのみ達成することができます。教師の力は，組織と団結によって発揮され，組織と団結はたえず教師の活動に勇気と力をあたえています。私たちは自らが団結を強め行動するとともに，国民のための教育を一部の権力による支配から守るため，世界の教師，すべての働く人びとと協力しあっていくことが，私たちの倫理であることを明らかにしました。

　日教組の誕生は，文部省の対立軸に位置し，国の文教政策と，ことごとく見解を異にして，鋭く対立することになるが，この倫理綱領にみられるように，社会人であり，生計を維持する家庭人であり，労働者であると主張するのは，戦前において，特に昭和恐慌（1930〜1931年）の折りには，教師の減俸や未払い，教師の減員，また，国民教化のための理想の国民としてのロールモデルの役割を付与されるなど，その人間性や勤務条件など顧みられることなく，聖職者としてひたすら国家に仕えてきた**教師の人間宣言**というべきものである。その勤

務条件等についても，当局と対等の関係を求めたことの意義は大きい。

（2）日教組内部の聖職者・労働者論争

　1974（昭和49）年4月11日，日教組は公労協・公務員共闘の統一ストに参加し，25都道府県教組と24都県高教組が日教組結成以来初めて全日ストを実施した。その夜，警視庁及び各道府県警は，地方公務員違反で日教組本部を始め12都道府県で捜査する。4月11日，日教組は，このことに関して，スト弾圧に対する抗議声明を，ストライキを犯罪視する，最も野蛮で時代錯誤な弾圧であるとし，ストライキ権は，憲法28条に保障されていると発表すると同時に，春闘共闘委員会とともにスト権奪還闘争を全国的に展開した（『戦後日本教育史料集成　第十一巻』三一書房，pp.345-346）。

① 日本共産党機関誌「赤旗」が「教師聖職論をめぐって」を発表

　こうした状況下で4月17日付日本共産党機関誌「赤旗」が「教師聖職論をめぐって」の主張を発表した。その概要は，以下の通りである。

　…田中首相らは，教師は『聖職』であって労働者でないと，しきりに主張しています。しかし，田中首相らは教師が『聖職』だとまじめに考えているとはいえません。教師が労働者でないとする考え方は，教師の労働基本権や組合活動，政治活動の制限を是認することになりますが，それでも，教師を『聖職』だと本気で考えるならば，その『聖職』性を保障しなければなりません。…ところが，自民党政府の政策は，これと全く反対のものです。…同時に，自民党の『教師＝聖職』論に単純に反発して，教師は労働者であるだけで『聖職』ではないなどというのも，正しくありません。

　もちろん，労働基本権を含め，憲法が全ての国民に保障する基本的権利は，当然，教師にも保障されなければなりません。… 同時に，教師は，教育にかんする専門の知識と技術と経験をもつものとして，子どもたちが基本的な知識や技術などをその発達に即して学び取るのをたすける責務を，国民に対して負っています。我々が，教育活動上の自主的権限を教師に与えよと主張するのも，国民に対する教師の責務の遂行を保障するために他なりません。この意味で，教師は，労働者であるとともに教育の専門家です。教師のこの二つの性格と地位は決して対立するものでなく，正しく統一されなければなりません。

　人類が長い歴史の中で生み出した知識や技術などとそのための先人の努力を若い世代につ

たえ，子どもたちを歴史の形成者とする教育の仕事は，極めて，精神的，文化的なものであり，その専門家たる教師の活動は，子どもの人格形成にも文化の発展にも，直接の重大な影響を持っています。この意味では，教師は確かに聖職と言ってもよいでしょう。…

（『戦後日本教育史料集成　第十一巻』三一書房，p.391）

②日本社会党機関誌「社会新報」は，「教師聖職論を批判する」を発表

　上記日本共産党機関誌「赤旗」の「教師聖職論をめぐって」に対して，５月５日付日本社会党機関誌「社会新報」は，「教師聖職論を批判する」の主張を発表する。

　その概要は次の通りである。

　…教育が重大な問題となっているこのような時に，日本共産党の機関誌『赤旗』は４月17日の「主張」で，「同時に自民党の『教師＝聖職』論に単純に機械的に反発して，教師は『聖職』ではないなどというのも正しくありません」と，教師聖職論を言い出した。

　「聖職」とは洋の東西を問わず，もとは司祭，牧師，僧などを指し，「世俗」を離れ，「出家」として，宗教に帰依，宗務に専念するものであり，社会的に高いと，一定の待遇を与えられた。その職業は，精神的に高いもので，衆人を教化するものであり，金銭（所有）を稼ぐための一般労働（賤業）の上にあった。現在，「聖職」と広い意味で使われる場合も，宗教的な点を取り除いてそのままの意味で使われている。『赤旗』のいう「聖職」は，これと多くの共通点を持っている。

　「すなわち，『聖職』にふさわしい待遇を…教育活動に関する大きな権限を認めて，これに干渉することを厳しく排さなければなりません」「人類が長い歴史のなかで…この意味では，確かに聖職といってもよいでしょう」そして，「本気で教師を聖職と考えるのだから『その聖職』性を保障しなければなりません」という主張になる。

　我が党は，教師の待遇を今より引き上げなければならないこと，教師の仕事が一つの専門職であり，重要な精神的，文化的任務を持っていること（これらのことは多かれ少なかれ全ての労働についていえる）を否定したり軽視するものではなく，重視している。しかし，このことは「聖職」として認識されるのでなく，教育という「労働」の性質として認識されなければならない。…ここで重大なことは，教師の経済的条件だけでなく，子どもに正しい教育をするという重大な任務も，教師の労働者性によって初めて可能になるということである。即ち，教師が労働者として団結し，たたかい，学ぶことを通じてのみ保障されるのである。そのことは，子どもを戦場へ送った戦前の聖職者＝教師と，反動文教政策とたたかい，民主

教育を守ってきた戦後の労働者教師を比べてみれば明らかである。

　教師聖職論の根本的な誤りは，労働者の尊さを認めない点にある。労働者こそが価値を生み，社会進歩をもたらすことを知るならば，教師の文化的重要な責務を認めるだけでなく，労働者である教師によって果たされるものだということを明らかにしなければならない。…

（『戦後日本教育史料集成　第十一巻』三一書房，pp.392-393）

　こうした論争はその後も繰り返された。

　こうした論争は，日教組運動の在り方，つまりストライキの在り方をめぐる主流派（北海道，岩手，千葉，神奈川，愛知，兵庫，広島，福岡などの各教組など，日本社会党系）と反主流派（埼玉，東京，岐阜，京都，大阪，奈良，山口，香川などの各教組など，日本共産党系）の対立ともいえるものである。しかし，「赤旗」の「教師聖職論をめぐって」は，多くの日教組組合員にとって大きな衝撃となった。この時期，教師論について議論が活発になり，他の政党においても様々な主張が見られる。公明党は「教員は教育という特殊な使命を負った使命職である」（5月31日）と見解を発表している。また，民社党も「教師は勤労者の性格を持つ聖職である」（6月17日）と見解を発表している。

3．教育専門職論

　教員の地位に関する勧告（1966「昭和41」年9月21日〜10月5日　ユネスコ特別政府間会議採択）の中に，「教育の仕事は専門職とみなされるべきである。この職業は厳しい，継続的な研究を経て獲得され，維持される専門的知識および特別な技術を教員に要求する公共的業務の一種である。また，責任をもたされた生徒の教育および福祉に対して，個人的および共同の責任感を要求するものである。」と記し，教員の専門職要件として，「継続的な研究を経て獲得・維持されている専門的知識及び特別な技術の**専門性**」，「業務の**公共性**」，「責任をもたされた生徒の教育および福祉に対して，個人的および共同の責任感という**専門的自律性**」を述べている。

　ここで，教育専門職について評価してみる。

　一般的に専門職の要件は，上記の専門性，公共性，専門的自律性以外に，専門職の倫理性，専門職としての評価を加味すると，以下の5項目が列挙できる。

　① 職務に公共性があること（公共性）

② その職務を遂行するのに足る必要かつ十分な専門性を持つこと（専門性）

③ 職務遂行時における判断，行為が自律的であること（専門的自律性）

④ この自律性が同業集団によって，自己規制されること（専門職倫理）

⑤ 適切な社会的評価があること（専門職としての評価）

となる。

　昨今，新聞紙上を賑わす倫理上の問題もあるが，専門職として一応国家資格を有する医師や弁護士は，その要件を満たし，広く認識されている。

　そこで①〜⑤について評価を試みる。

　①については，公共性を最も強く持つものであり，公的専門職である。

　②については，教員免許状を所有していることから一定の基準を満たしているが，現状では，現職教員に対してより高度な専門性が求められている。

　③については，専門性の高度化が前提となるが，法令等の関わりの中で，どの程度の主体性・自律性を確保するかである。

　④については，上述と同様に，専門性と自律性が前提となるが，公正な判断と自己規制の基準となるものが倫理綱領である。個人として，あるいは専門職集団としての果たすべき役割，目標，不適切な行為等など，専門職集団の成員の行動を規定し，その指針を明示する倫理綱領が必要となる。

　⑤については，専門職といわれる職業も必ずしも社会的評価が高いというわけではないが，教職の場合は高度な専門性や自律性が確保されれば，適切な社会的評価は自ずから得られる。

　次に教育専門職に係る中央教育審議会等にみられる国の動向について論述する。

　前述のように，教職を専門職として捉えるのには課題はあるが，教職を専門職として捉える期待は強いといえるだろう。教職は，単なる知識・技術の伝達者ではなく，子どもの人格を形成する教育者であるという点に専門職としての根拠を見いだそうとしている。

　1971（昭和46）年，中央教育審議会答申「今後における学校教育の総合的な拡充整備のための基本政策について」は，教師を，「高い専門性と職業倫理によって裏付けられた特別の専門的職業」として位置づけながら，同様の理由で，給

与改善も図っている。

　しかしながら，近年，その専門職観も変化してきている。

　1996（平成 8）年，第15期中央教育審議会第一次答申において，

　　　「教員に求められる資質・能力については，学校段階によって異なるが，
　　教員養成や研修を通じて，教科指導や生徒指導，学級経営などの実践的
　　指導力の育成を一層重視することが必要であると考えられる。特に，今
　　日のいじめや登校拒否などの深刻な状況を踏まえるとき，教員一人一人
　　が子供の心を理解し，その悩みを受け止めようとする態度を身に付ける
　　ことは極めて重要であると言わなければならない。

　　　教員養成については，［生きる力］の育成を重視した学校教育を担う教
　　員を育てるとの観点に立って，改めて，その改善・充実について検討す
　　ることを提言したい。その際には，教育相談を含めた教職科目全体の履
　　修の在り方，教育実習の期間・内容の在り方，さらには，幅広く将来を
　　見通して，修士課程をより積極的に活用した養成の在り方などに特に留
　　意する必要がある。もちろん，こうした検討を待つまでもなく，教員養
　　成を行う大学においては，ファカルティ・ディベロップメント（教員が授
　　業内容・方法を改善し，向上させるための組織的な取組の総称）を進めつつ，教育
　　現場の実際のニーズを踏まえた教育やこれに資する研究を充実させてい
　　くことを求めたい」

として「**実践的指導力**」を要請している。

　1997（平成 9）年 7 月，教育職員養成審議会第一次答申においては，いつの
時代にも求められる資質能力と，変化の激しい時代にあって，子どもたちに
生きる力を育む観点から，今後特に求められる資質能力等について，それぞ
れ以下のように示している。

> **1．いつの時代にも求められる資質能力**
> 教育者としての使命感，人間の成長・発達についての深い理解，
> 幼児・児童・生徒に対する教育的愛情，教科等に関する専門的知識，
> 広く豊かな教養，

これらを基盤とした**実践的指導力**等

2．今後特に求められる資質能力

① **地球的視野に立って行動するための資質能力**

　地球，国家，人間等に関する適切な理解，豊かな人間性，国際社会で必要とされる基本的資質能力

② **変化の時代を生きる社会人に求められる資質能力**

　課題探求能力等に関わるもの，人間関係に関わるもの，社会の変化に適応するための知識及び技術

③ **教員の職務から必然的に求められる資質能力**

　幼児・児童・生徒や教育の在り方に関する適切な理解，教職に対する愛着，誇り，一体感，教科指導，生徒指導等のための知識，技能及び態度

3．得意分野を持つ個性豊かな教員

　画一的な教員像を求めることは避け，生涯にわたり資質能力の向上を図るという前提に立って，全教員に共通に求められる基礎的・基本的な資質能力を確保するとともに積極的に各人の得意分野づくりや個性の伸長を図ることが大切であること

　2005（平成17）年10月，中央教育審議会答申「新しい時代の義務教育を創造する」においては，優れた教師の条件について，大きく集約すると以下の3つの要素が重要であるとしている。

① **教職に対する強い情熱**

　教師の仕事に対する使命感や誇り，子どもに対する愛情や責任感など

② **教育の専門家としての確かな力量**

　子ども理解力，児童・生徒指導力，集団指導の力，学級づくりの力，学習指導・授業づくりの力，教材解釈の力など

③ **総合的な人間力**

　豊かな人間性や社会性，常識と教養，礼儀作法をはじめ対人関係能力，コミュニケーション能力などの人格的資質，教職員全体と同僚として協力していくこと

　2006（平成18）年7月，中央教育審議会答申「今後の教員養成・免許制度のあり方について」において，1997（平成9）年7月の教育職員養成審議会第一次答申以降，教員の資質能力について，「これらの答申で示した基本的な考え方は，今後とも尊重していくことが適当である」とし，「むしろ，変化の激しい時代だからこそ，変化に適切に対応した教育活動を行っていく上で，これらの資質能力を確実に身に付けることの重要性が高まっているものと考える」としている。

　　「…教職は，日々変化する子どもの教育に携わり，子どもの可能性を開く創造的な職業であり，このため，教員には，常に研究と修養に努め，専門性の向上を図ることが求められている。教員を取り巻く社会状況が急速に変化し，学校教育が抱える課題も複雑・多様化する現在，教員には，不断に最新の専門的知識や指導技術等を身に付けていくことが重要となっており，「学びの精神」がこれまで以上に強く求められている。」

とし，「**学びの精神**」を強調している。
　教員をめぐる状況の変化は，以下の6点に整理されている。

① 社会構造の急激な変化への対応
② 学校や教員に対する期待の高まり
③ 学校教育における課題の複雑・多様化と新たな研究の進展
　ここでは，社会状況や子どもの変化等を背景として，学校教育における課題も，以下のような例を挙げ，一層複雑・多様化してきているとしている。
ⅰ) 子どもの学ぶ意欲や学力・気力・体力が低下傾向とともに，様々な実体験の減少等に伴い，社会性やコミュニケーション能力等が不足。
ⅱ) いじめや不登校，校内暴力等の問題が依然として深刻な状況にあるほか，仮想現実やインターネットの世界に過度に浸ったことも原因と考えられる事件が発生するなど，子どもたちの間に「新しい荒れ」とも言うべき状況が見られる。
ⅲ) LD（学習障害）やADHD（注意欠陥／多動性障害）等の子どもへの適切な支援など，子どもや学校教育に関する新たな課題や，それに関する知見が明らかになりつつある。

iv）保護者や地域住民が学校運営に参画する仕組みが整備されるとともに，学校に自己評価の努力義務が課されるなど，開かれた学校づくりに向けて，学校が説明責任を果たし，保護者や地域社会との信頼を深めることが重要となっている。一方で，例えば，脳科学と教育との関係や，子どもの人間学など，子どもや教育に関する新たな研究も進んできている。

④ 教員に対する信頼の揺らぎ

⑤ 教員の多忙化と同僚性の希薄化

⑥ 退職者の増加に伴う量及び質の確保

　教員養成・免許制度の改革の重要性については，「これからの社会や学校教育の姿を展望しつつ，教員を取り巻く現状等を考慮すると，現在，教員に最も求められていることは，**広く国民や社会から尊敬と信頼を得られるような存在**となることである。このためには，養成，採用，現職研修等の各段階における改革を総合的に進めることが必要であるが，とりわけ教員養成・免許制度の改革は，他の改革の出発点に位置付けられるものであり，重要である」とする。さらに，教員養成・免許制度の現状と課題を「教員免許制度についても，教員免許状が保証する資質能力と，現在の学校教育や社会が教員に求める資質能力との間に乖離が生じてきている。」とし，教員養成・免許制度の改革の方向性は，2つの方向で改革を進めることが適当であるとしている。

① 大学の教職課程を，教員として最小限必要な資質能力を確実に身に付けさせるものへ

② 教員免許状を，教職生活の全体を通じて，教員として最小限必要な資質能力を確実に保証するものへ

　社会の激しい変動や学校教育が抱える課題の複雑・多様化等の中で，教員に対する信頼の確立は，養成段階から，その後の教職生活までを一つの過程として捉え，その全体を通じて，教員として必要な資質能力を確実に保持し，教員養成・免許制度改革の具体的方策として，総合的に講じていくことが重要であるとする。

　このような視点から，以下の教員養成・免許制度に関する改革を提言する。

① 教職課程の質的水準の向上
② 「教職大学院」制度の創設
③ 教員免許更新制の導入
④ 教員養成・免許制度に関するその他の改善方策
⑤ 採用，研修及び人事管理等の改善・充実

　今回の改革の中核をなすものは，特に①，②，③である。これらの基本理念は以下の通りである。

① 教職課程の質的水準の向上
　（——学部段階で教員として必要な資質能力を確実に身に付けさせる——）

　現在，約800の大学（大学院を含む），短期大学に教職課程が置かれており，学部段階の教員養成が中心となっている。まずは既存の教職課程，特に学部段階の教員養成教育の改善・充実を図ることが重要である。学部卒業段階で，教員として必要な資質能力を確実に身に付けさせ，学校現場に送り出すことが，本来，教職課程に期待される役割であり，そのことが国民や社会の要請に速やかに応えることにつながる。

② 「教職大学院」制度の創設
　（——大学院段階でより高度な専門性を備えた力量ある教員を養成する——）

　近年の社会構造の急激な変化や学校教育が抱える課題の複雑・多様化等に伴い，より高度な専門性と豊かな人間性・社会性を備えた力量ある教員が求められている。このような要請に応えるためには，高度専門職業人の養成に特化した専門職大学院制度を活用して，レベルの高い教員養成教育を行うことが必要である。また，このことは，教職課程改善のモデルを提示し，既存の教職課程の改善・充実を促進するものである。

③ 教員免許更新制の導入
　（——養成段階を修了した後も，教員として必要な資質能力を確実に保証する——）

　学校教育の課題が恒常的に変化している今日，養成段階で確実に身に付けた教員として必要な資質能力を，教職生活の全体を通じて保持していく必要性が高まっている。このために，教員免許状の取得後も，その時々で求めら

れる教員として必要な資質能力が保持されるよう，制度的な措置を講じることが重要である。

　今回の答申の具体的方策である教職課程認定大学における養成段階においての教職課程の質的向上，教職大学院制度創設，のねらいは，資質能力を確実に身に付けること，いわば，**専門性の定着**にある。また，免許更新制度は，現職における**専門性の持続**にある。しかし，従来から，教員養成段階において，課程認定大学の教職課程でもできたはずであり，教員養成に係わる大学や教員がその重要性を十分に自覚し，カリキュラム・教授方法の在り方や，組織的な指導体制の見直しなどが行われない限り，今後とも課題になるといわざるをえない。また，現職段階においても，現職教員の研修の在り方など，教育委員会等において，十分検討されなければならない。

4 | 求められる教師像

1．子どもが期待する教師像

　2003（平成18）年3月3日，Y新聞社が，全国の「教育親子モニター」を対象にアンケートを実施した。そのアンケートは各都道府県ごとに小学1年，中学1年，同3年，高校1年の子どもがいる4家庭を選定した「親子モニター」計188組を対象に行い，180組から回答を得る。その結果については，読売教育モニターの報告によると，親子の間に理想の教師像について差があることがわかる。それぞれ1位にあげているのは，子ども——わかりやすい授業，保護者——**熱意，やる気，愛情**　となる。

　小中高生の多くが「**授業が上手で親しみやすい教師**」を理想としているのに対し，保護者は「**熱意があって子どもへの愛情にあふれた教師**」を望んでいる。また，親子の78％が自分たちの学校の担任や校長におおむね満足しているものの，保護者の77％は，最近の教師は「自分たちのころの教師と違う」と感じていることも分かる。それによると，保護者側が考える「教師にとって重要なもの」（複数回答可）は，「教育への熱意，やる気」が75％でトップであり，これに「子どもへの愛情」（59％）が続く。これに対し，子どもの側は「授業の分かり

表 2-1　「教師にとって重要なもの」ベスト10 (複数回答可)

	子ども	(%)	保護者	(%)
1	授業の分かりやすさ	80	教育への熱意，やる気	75
2	親しみやすさ	64	子どもへの愛情	59
3	子どもの立場で考える姿勢	63	授業の分かりやすさ	56
4	わけ隔てない公平性	44	子どもの立場で考える姿勢	45
5	子どもへの愛情	38	わけ隔てない公平性	33
6	教育への熱意，やる気	36	クラスをまとめる指導力	32
7	クラスをまとめる指導力	29	幅広い教養	24
8	幅広い教養	12	倫理観	22
9	経験	9	親しみやすさ	20
10	若さ	6	教師としての威厳	13

出所：Ｙ新聞の記事より作成。

やすさ」(80%) が 1 位，「親しみやすさ」(64%) が 2 位で，親子で理想とする教師像にくっきりと差が出る。「わいせつ事件での逮捕」や「指導力不足」など，教師の「質」が問題になる中，子どもの側があまり重要視していないが，「倫理観」や「威厳」を求める保護者は少なくなかった。

　一方，子どもが通う学校の担任や校長については，親子の24%が「大変満足」，54%が「まずまず満足」と回答，好意的な意見が大半を占める。「大変満足」は小学生の親子で最も割合が高く，中学，高校と進むにつれて減少する傾向が見られる。これに対し，「あまり満足していない」，「大変不満だ」と回答した親子は，「担任の生徒一人一人への対応が不平等」(秋田・高一)，「校長は子どもや親を管理することがリーダーシップだと思い込んでいる」(大阪・中三の親) などを理由に挙げる。校長については，「会ったことがない」(滋賀・高一の親) などと存在感の薄さを指摘する声も少なくない。

2．保護者，教育委員会教育長，校長等が求める教員像

　2003 (平成18) 年 6 月30日，京都府教育委員会が，教員の資質能力向上・人材育成に関しての保護者，市町村 (組合) 教育委員会教育長，管理職 (府立・公立小中高校長教頭)，教員の意識を把握し教員の人材育成の在り方を検討する際の参考資料とするために人材育成に関するアンケートを行った (抽出調査，府立

表 2 - 2　求められる京都府の教員像　　　　　　(%)

順位	保護者	教育長	管理職	教員
1	わかりやすい授業 (67)	わかりやすい授業 (81)	わかりやすい授業 (85)	わかりやすい授業 (86)
2	児童生徒の自主性や 個性の尊重 (51)	使命感や責任感 (67)	使命感や責任感 (62)	児童生徒の気持ち理 解 (47)
3	使命感や責任感 (46)	生活態度やしつけ指 導 (52)	他の教職員との協力 (48)	児童生徒の自主性や 個性の尊重 (42)
4	児童生徒の気持ち理 解 (44)	公正・公平な態度(37)	保護者との信頼関係 (48)	学び続ける意欲 (41)
5	公正・公平な態度(44)	他の教職員との協力 (37)	児童生徒の気持ち理 解 (40)	人間的な魅力 (39)
6	人間的な魅力 (44)	人間的な魅力 (37)	人間的な魅力 (40)	――

出所：「教師力」向上のための指針・京都府教育委員会・平成19年3月，資料，pp. 7 - 8 。

学校11校，府内公立小中学校39校，対象校の管理職，全教員，各校保護者3名程度，全市町村（組合）教育委員会教育長27名）。

　その問いは，「『求められる京都府の教員像』に関して，教員にとって重要であると考えることは何か。」である。この問いに関して**表2-2**のような結果が出ている。前述のアンケートの結果と比べてもらいたい。

考　察

1　戦前の教師像と戦後の教師像とを対比させ，それぞれを説明せよ。
2　戦後の教師論にある「労働者論」の意義について説明せよ。
3　今求められている教師像について説明せよ。

■■ 参考文献

稲垣忠彦・久富善之編『日本の教師文化』東京大学出版会，1994年。

梅根悟監修，世界教育史研究会編『世界教育史体系30巻　教員史』講談社，1981年。

梅根悟『新装版　世界教育史』新評論，2002年。

影山昇『日本の教育の歩み』有斐閣，1988年。

唐澤富太郎編『図説教育人物事典』ぎょうせい，1984年。

山崎英則・西村正登編著『求められる教師像と教員養成』ミネルヴァ書房，2001年。

山田浩之『マンガが語る教師像』昭和堂，2004年。

第 3 章

教員の服務

1 はじめに

　教諭として採用，教諭から主幹教諭や教頭への昇任，教頭の職にある人が教諭になるなどの降任，定期人事異動による転任，を意味する任用については，成績主義・能力実証主義（メリット・システム）の原則が設けられている。その理由は，地方公務員法においては地方公共団体の公務が能率的に運営されることが求められていることから，そのためには優秀な人材を確保・育成する必要があることや人事の公正の確保が原則と考えられているからである。

　公立学校の教員は，地方公務員としての身分を持つ教育公務員であるため，その職務上または職務外において，地方公務員または教育公務員に課せられている規律に服さなければならない。服務の根本基準は，教員は公務員としての身分を持つことにより，全体の奉仕者として公共の利益のために勤務し，職務に専念する義務を有するとしている。

　昨今，教員によるセクハラ行為，パワハラや体罰などの不祥事は，残念ながら新聞やテレビ等において大いに賑わしているところである。本章においては，民間企業とは異なる地方公務員ないし教育公務員の服務制度を取り上げる。

2 服務制度

　服務とは，公務員である地位に基づき，職務上または職務外において公務員

に課せられている規律に服する義務をいう。

1．服務の根本基準（地方公務員法第30条）

　憲法第15条第2項においては，「すべて公務員は**全体の奉仕者**であって，一部の奉仕者ではない。」と規定し，地方公務員法第30条においては「すべて職員は，**全体の奉仕者**として公共の利益のために勤務し，職務の遂行に当たっては，全力を挙げてこれに専念しなければならない。」と規定している。

　以上のように，我が国は，民主主義を国是とし，民主主義における主権が国民に有するものである以上，「公務員は全体の奉仕者として公共の利益のために勤務しなければならない」とされている。また，職務専念義務が地方公務員法第35条において具体的に規定されているが，地方公務員法第30条においても，上述の規定のように重ねて規定しているのは，これが服務規律に通じる根本原則であるからである。

服務の根本基準

　すべて職員は，全体の奉仕者として公共の利益のために勤務し，職務の遂行に当たっては，全力を挙げてこれに専念しなければならない。

2．服務義務の分類

　服務義務には，「職務上の義務」と「身分上の義務」に分類される。

　職務上の義務とは，職員が勤務時間内において，職務遂行するうえで，守るべき義務のことである。この職務上の義務は，以下の3種類がある。

> 職務専念の義務（地方公務員法第30条，第35条）
> 服務の宣誓（誠実の義務）（地方公務員法第31条）
> 法令・職務命令に従う義務（地方公務員法第32条，地方教育行政の組織及び運営に関する法律第43条第2項）

　身分上の義務とは，職務遂行の有無にかかわらず，職員としての身分を有する限り当然守るべき義務を言う。この身分上の義務には，以下の5種類が

ある。

> 信用を保つ義務（信用失墜行為の禁止）（地方公務員法第33条）
> 秘密を守る義務（守秘義務）（地方公務員法第34条）
> 争議行為の禁止（地方公務員法第37条）
> 政治的行為の制限（地方公務員法第36条，教育公務員特例法第18条）
> 営利企業等の従事制限（地方公務員法第38条，教育公務員特例法第17条）

3．職務専念の義務（地方公務員法第35条）

　その趣旨は，公務員は，勤務を提供することによって，国民全体の奉仕者としての責務を果たすこととなる。したがって，勤務時間中は全力を挙げて職務に専念することである。**職務専念の義務**は，**法令及び上司の職務上の命令に従う義務**（地方公務員法第32条）と並んで，職務遂行上の**最も基本的な義務**であり，公務員の地位を有するものに課せられた公法上の義務である。その規定は以下の通りである。

> 　職員は，法律または条例に特別の定めがあって例外が認められる場合のほかは，その勤務時間は，職務上の注意力のすべてを自己の職責遂行のために用い，職員が勤務する地方公共団体のなすべき責を有する職にのみ従事しなければならない。

　（事例1）勤務時間中に，私用のスマートフォンや業務用のパソコンを使って，業務と無関係な株価や芸能などの情報を閲覧していた。→懲戒処分
　（事例2）過去に無断欠勤により減給処分を受けていたにもかかわらず，再び無断欠勤を続けた。→懲戒処分のうち免職処分

　民間企業の勤労者及び**私立学校の教職員**の場合は，労使間における**私法上の契約関係に基づく義務**である。（労働契約，就業規則等）

　① 法律に基づいて職務専念義務を免除する場合
休職（地方公務員法第27条，第28条）
停職（地方公務員法第29条）

教育公務員の兼業兼職（地方公務員法第38条第1項，教育公務員特例法第17条第1項）

教員の研修（教育公務員特例法第21条）

その他　教職員組合役員の在籍専従，教育委員会と教職員組合との適法な交渉
　　　　　への参加

労働基準法に基づいて職務専念義務を免除する場合

　　休憩（労働基準法第34条），休日（労働基準法第35条），年次有給休暇（労働基準法第39条），
　　産前産後休暇（労働基準法第65条），育児時間（労働基準法第67条），生理休暇（労働基準
　　法第68条），育児休業（育児休業法6条）など

　　都道府県知事の従事命令・協力命令により災害救助に従事する場合（災害救助法24・25条）

② 条例に基づく免除

研修，厚生計画に参加する場合，職員団体の従事者の場合，人事委員会の定
める場合

　　ア　感染症予防法による交通遮断または隔離，イ　風水震火災その他の非常災害による交
　　通遮断の場合など

4．服務の宣誓（地方公務員法第31条）

　服務の宣誓は，**公務員関係に入ることを受諾したことによって生じた職員の
服務義務に従うことを住民に対して一方的に宣言する行為**である。職員の服務
義務は宣誓によって生ずるものではない。なお，宣誓の内容，手続きは，条例
で定めることになっている。

　県費負担教職員（市区町村立小学校・中学校教職員等）についても，宣誓の内容，
手続き等を定める条例は，市区町村の条例であり，宣誓も市区町村教育委員会
の指示に基づき，市区町村の住民に対して行うものである。

> **服務の宣誓**
> 　職員は，条例の定めるところにより，服務の宣誓をしなければならない。

5．法令・職務命令に従う義務（地方公務員法第32条）

　地方公務員法第32条は，**法治国家における行政運営の基本原則**であり，また
学校運営の基本原則といえるものである。もちろんのこと**都道府県立学校の
場合，服務監督者は，都道府県教育委員会となる。**

　県費負担教職員（政令指定都市を除く市町村立小・中学校等の教職員）の場合，市町村教育委員会が県費負担教職員の服務を監督し，その職務を遂行するに当って，法令，当該市町村の条例及び規則並びに当該市町村委員会の定める教育委員会規則及び規程（前条又は次項の規定によって都道府県が制定する条例を含む。）に従い，かつ，市町村委員会その他職務上の上司の職務上の命令に忠実に従わなければならないとしている（地方教育行政の組織及び運営に関する法律第43条第1項・第2項）。

　職務命令については，権限ある上司（校長，副校長，教頭など）から発せられたものであり，その内容は命令を受ける職員の職務に関するもので，法律上または事実上不能を命ずるものではないことを要件としている。

　職務命令の形式については，様式行為ではないので文章でも，口頭でもよいことになるが，後日トラブルが予想される場合には，文章のほうが良いとされている。

　職務命令に対する部下の審査権については，上司から発せられた職務命令に重大且つ明白な瑕疵*がある場合（例えば，道路交通法違反の内容や政治的行為の制限違反など），職務命令に取り消すべき瑕疵があるとき（例えば，上司からの職務命令に不合理な内容を含むなど），あるいは有効な命令かどうか疑わしい場合は，一応有効性の推定を受けるので，権限のある機関の取消しが行われるまで，命令に従わなければならないとされている。

　＊上記文中の「瑕疵」は，かしと読み，行政行為の主体や内容，手続，形式などでの問題点を意味する。

　学校における校務分掌は，校長による職務命令（いわゆる校務分掌命令）によるものであるが，実際は，副校長や教頭が，教職員に対し校務分掌の希望の聴聞を行い校長と調整したうえで，校内で公表している。

> **法令・職務命令に従う義務**
> 　職員は，その職務を遂行するにあたって，法令，条例，地方公共団体の規則及び地方公共団体の機関が定める規程に従い，且つ，上司の命令に忠実に従わなければならない。

（事例1）　児童生徒の個人情報や成績などの文書及び記録された電子媒体の厳正

な管理について，日頃から厳しく指導を受け，かかる文書及び記録された電子媒体の持ち出しに当たっては，校長など上司の許可が必要であることを認識していたにもかかわらず，上司の許可を得ずに無断で記録された電子媒体文書を持ち出した上，当該記録された電子媒体の入った鞄を亡失した（車上狙いなど）→　懲戒処分

（事例２）　校長など上司から出張を伴う事務について適切な処理を行うよう指示を受けたにもかかわらず，当該事務を実施せずに虚偽の報告書等を作成し，さらに出張旅費を不適正に受領した→　懲戒処分

6．信用失墜行為の禁止 （地方公務員法第33条）

　職員は，その職の信用を傷つけ，又は職員の職全体の不名誉となるような行為をすることを禁じられている。職員は，全体の奉仕者として公共の利益のために勤務すべきものであるから，全体の奉仕者にふさわしくない非行により，公務に対する住民の信頼を裏切らないように信用を保つ義務を負うのである。この場合，「その職の信用を傷つける行為」と「職員の職全体の不名誉となるような行為」は，選択的なものでなく，同一の行為が両者に該当することが通例とされている。

> 信用失墜行為の禁止
> 　職員は，その職の信用を傷つけ，又は職員の職全体の不名誉となるような行為をしてはならない。

（事例１）帰宅途上の電車内において，女性の乗客の身体に接触するなどセクハラ行為を行った。→懲戒処分
（事例２）発生し現在取り組んでいる生徒指導上の問題に対して，ソーシャルメディア上で不適切な発言を行い，問題解決のための取組みに対する学校の信頼を傷つけた。→懲戒処分

7．秘密を守る義務 （地方公務員法第34条）

　職員は，職務上知り得た秘密については，それが個人的な秘密，公的な秘密を問わず，また，在職中は勿論退職後も，これを漏らしてはならない。「秘密」とは，一般に了知されていない事実であって，それを一般に了知せしめるこ

とが一定の利益の侵害になると客観的に考えられるものである。教職員の場合の秘密事項の典型としては，入学試験問題，学期試験問題，生徒指導問題などがあげられる。

　職員が職務上知り得た秘密を漏らした場合においては，懲戒処分の対象となるばかりでなく，刑事罰をも科せられる。

> 秘密を守る義務
> 　職員は，職務上知り得た秘密を漏らしてはならない。その職を退いた後もまた，同様とする。
> 2　法令による証人，鑑定人等となり，職務上の秘密に属する事項を発表する場合においては，任命権者（退職者については，その退職した職又はこれに相当する職に係る任命権者）の許可を受けなければならない。
> 3　前項の許可は，法律に特別の定がある場合を除く外，拒むことができない。

　公益通報（いわゆる内部告発）の対象となる「通報対象事実」は，犯罪行為の事実などを指すものである。したがって，一般的には，通報の内容が「通報対象事実」である場合には，守秘義務違反に問われることはないものと考えられる。

　（事例1）職務上知り得た児童生徒（氏名）と保護者の個人情報（勤務先やその電話番号等）を外部に漏えいし，報酬を得ていた。→　懲戒処分

8．政治的行為の制限

（1）教育公務員に対する政治的行為の制限

① 地方公務員の場合，

　地方公共団体の行政の公正な運営を確保するとともに職員の利益を保護することを目的として，地方公務員には一定の政治的行為を制限している（地方公務員法第36条）。

② しかし，小学校，中学校，高等学校などの公立学校の校長・教員，即ち教育公務員の場合，教育公務員特例法第18条の規定により，国家公務員法第102条及び同条に基づく人事院規則14-7（政治的行為）の定めるところにより，一定の政治的行為を制限している。ただし，同法110条の罰則は，適用されない。

　その趣旨は，教育公務員の職務と責任の特殊性に鑑み，公立学校の政治的

行為の制限の範囲を国立学校の教育公務員と同様にすることにより，教育公務員が妥当な限度を超えて，政治に介入することを防止し，もってその公務たる教育の公正な執行を保障しょうとするものである。

教育公務員に対する政治的行為の制限（教育公務員特例法第18条）

公立学校の教育公務員の政治的行為の制限については，当分の間，地方公務員法第36条の規定にかかわらず，国家公務員の例による。

2　前項の規定は，政治的行為の制限に違反した者の処罰につき国家公務員法（昭和22年法律第120号）第110条第1項の例による趣旨を含むものと解してはならない。

国家公務員の政治的行為の制限（国家公務員法第102条）

職員は，政党又は政治的目的のために，寄附金その他の利益を求め，若しくは受領し，又は何らの方法を以てするを問わず，これらの行為に関与し，あるいは選挙権の行使を除く外，人事院規則で定める政治的行為をしてはならない。

2　職員は，公選による公職の候補者となることができない。

3　職員は，政党その他の政治的団体の役員，政治的顧問，その他これらと同様な役割をもつ構成員となることができない。

人事院規則14-7（政治的行為）については，特定の「政治的目的」と特定の「政治的行為」を制限的に列挙し，原則として，この目的と行為の連結のある場合のみ禁止の対象になる。例えば，政治的目的が「特定の政党その他の政治的団体を支持し又はこれに反対することをもって」，政治的行為が「政党その他の政治的団体の機関紙たる新聞その他の刊行物を発行し，編集し，配布し又はこれらの行為を援助する」ことは，禁止される。

この規則における「政治的目的」は，8つの内容が列挙され，「政治的行為」は17の行為が列挙されている。

（事例1）　職員団体活動の一環として，政治的目的を有する文書を著作し，職場のパソコンを利用して職員に配布した。→　懲戒処分

（2）教員が行う教育活動と政治活動

教員が行う教育活動にもおのずから政治的活動とみなされば，その制限が

ある。

① 教育基本法第14条の規定による制限

すなわち，教員が行う党派的政治教育を行うことは禁止されるしこれに伴う教員の教育活動として行われる政治活動についての制限をいっている。

この規定（特定の政党を支持し，またはこれに反対するための政治教育その他政治的活動をしてはならない。）は，学校教育の政治的中立性を確保する趣旨であり，教員に即して考えれば，その教育活動の側面についての規制である。したがって，教員が学校教育活動として，また学校を代表してこの規定のような行為をすることは，学校の活動とみなされる。

例えば，学校の名において，特定の主義・政策を支持し，またはこれに反対する表明を出すことは，学校の政治活動と解される。また，教員が授業中に特定政党のイデオロギーに基づく政治活動を行うことはもとより，そのような教育を校外で，例えば家庭訪問の際などに行うことも禁止される。

> 政治教育の制限（教育基本法第14条）
> 　良識ある公民たるに必要な政治的教養は，教育上これを尊重しなければならない。
> 2　法律に定める学校は，特定の政党を支持し，またはこれに反対するための政治教育その他政治的活動をしてはならない。

（事例1）　教員が特定政党の政治活動を行うために，家庭訪問を行い，それに教育活動が含まれるときには，この規定に抵触する。

② 義務教育諸学校における教育の政治的中立の確保に関する臨時措置法

義務教育の政治的中立性を確保するために，義務教育に従事する教育職員に対し，特定の目的・手段をもって党派的教育を行うよう教唆・煽動することを禁じ，違反者には刑罰を科する（義務教育諸学校における教育の政治的中立の確保に関する臨時措置法《中立確保法ともいう》第3条）。この法の目的は，義務教育の政治的中立性の確保と教育職員の自主性擁護にある。しかし，現在までに，この法の適用者は誰も出ていない。

③ 公職選挙法による教育公務員の政治的行為の制限

学校教育法第1条に規定する学校の校長および教員は，学校の児童，生徒

及び学生に対する教育上の地位を利用して選挙運動をすることができない（**教育者の地位利用の禁止**：公職選挙法第137条）。

9. 争議行為の禁止 (地方公務員法第37条)

憲法第28条において労働基本権が保障（団結権，団体交渉権，団体行動権）されているが，公務員の場合，全体の奉仕者として公共の福祉のために勤務するという職務の特殊性に基づき，争議行為等を行うことは禁止されている。

争議行為の禁止

　職員は，地方公共団体の機関が代表する使用者としての住民に対して同盟罷業，怠業その他の争議行為をし，又は地方公共団体の機関の活動能率を低下させる怠業的行為をしてはならない。又，何人も，このような違法な行為を企て，又はその遂行を共謀し，そそのかし，若しくはあおってはならない。

2　職員で前項の規定に違反する行為をしたものは，その行為の開始とともに，地方公共団体に対し，法令又は条例，地方公共団体の規則若しくは地方公共団体の機関の定める規程に基づいて保有する任命上又は雇用上の権利を持って対抗することができなくなるものとする。

（1）争議行為の態様

同盟罷業とは，いわゆるストライキのことで，労働者が自己の主張の貫徹を目的として，団結して，労働力の提供を停止する行為をいう。

怠業とは，いわゆるサボタージュのことで，労働者が操業を継続しながら，その態様を意識的に低下させる行為をいう。怠業的行為とは，その目的如何を問わず，職員が組織的に地方公共団体の活動能率を低下せる行為で怠業まで至らない行為をいう。

（2）公立学校教職員の場合

公立学校の教職員は，地方公共団体の住民全体に奉仕する公務員として，住民に対して同盟罷業，怠業等の争議行為を行ったり，住民を代表とする使用者としての地方公共団体の機関の活動能率を低下させる怠業的行為を行うことは禁止される。

県費負担教職員については，任命権者が都道府県の教育委員会であるから，

都道府県の教育委員会等の機関に対し活動能率を低下させる怠業的行為を行うことも禁止される。

争議行為禁止と労働基本権の保障をめぐる最高裁判決は，非現業の国家公務員の場合,「全農林警職法事件」(昭和48. 4. 25)，非現業の地方公務員の場合,「岩教祖事件」(昭和51. 5. 21)，５現業，３公社の職員の場合,「全逓名古屋中郵事件」(昭和52. 5. 4 ）も最高裁判決においては，国家公務員法上，地方公務員法上の，公務員に対する争議行為の禁止の規定は，憲法第28条労働基本権保障の規定に違反しないとして，全面的合憲論を展開した。

10. 兼業兼職

（１）営利企業等の従事制限（地方公務員法第38条第１項）

地方公務員については，勤務時間の内外を問わず，営利企業等に従事することは原則として禁止されている。職員は，全体の奉仕者として公共の利益のために勤務しなければならないものであり，一部の利益を追求する営利企業等に関与することはその企業等と利害関係が生ずるばかりでなく，その職務の公正な執行を妨げるおそれがあるからである

> 営利企業等の従事制限
>
> 　職員は，任命権者の許可を受けなければ，営利を目的とする私企業を営むことを目的とする会社その他の団体の役員その他人事委員会規則（人事委員会を置かない地方公共団体においては，地方公共団体の規則）で定める地位を兼ね，若しくは自ら営利を目的とする私企業を営み，または報酬を得ていかなる事業若しくは事務にも従事してはならない。兼職とは，公務員関係において一定の職にあるものが，さらに当該地方公共団体の一般職若しくは特別職に就くことである。

兼職とは，公務員関係において一定の職にあるものが，さらに当該地方公共団体の一般職若しくは特別職に就くことである。

兼業とは，他の公共団体の職に就いたり，国家公務員の職を兼ねたり，あるいは公務員関係において一定の職に就きながら営利企業を営んだり，その役員となったり，報酬を得て何らかの事業に従事することをいう。

（2）教育公務員の兼業・兼職（教育公務員特例法第17条）

　教育公務員は，教育に関する他の職を兼ね，又は教育に関する他の事業若しくは事務に従事することが本務の遂行に支障がないと任命権者において認める場合には，給与を受け，又は受けないで，その職を兼ね，又はその事業若しくは事務に従事することができる。

教育公務員の兼業・兼職

　　教育公務員は，教育に関する他の職を兼ね，又は教育に関する他の事業若しくは事務に従事することが本務の遂行に支障がないと任命権者（地方教育行政の組織及び運営に関する法律第37条第1項に規定する県費負担教職員については，市町村（特別区を含む。以下同じ。）の教育委員会。第23条第2項及び第24条第2項において同じ。）において認める場合には，給与を受け，又は受けないで，その職を兼ね，又はその事業若しくは事務に従事することができる。

　2　前項の場合においては，地方公務員法第38条第2項の規定により人事委員会が定める許可の基準によることを要しない。

　地方公務員法第38条に比べれば，**教育公務員の兼業・兼職の取扱いは，弾力的であり，兼業給も可能**となっている。

　特例の趣旨は，以下の3点である。

　　① **教員の勤務態様の特殊性**　　授業時間以外は，比較的余裕があること
　　② **研修の一種とみることができる**　　教育に関する他の職や事務に関与することは職務に熟達するという意味で，研修の一種とみることができ，有益な場合があること。
　　③ **教職の専門性**　　教職の専門性を通して広く公益に資することができる。

　この規定にある「教育に関する他の職」，「教育に関する他の事業若しくは事務」の内容について，教育公務員について，許可要件の緩和の「教育に関する他の職」，「教育に関する他の事業若しくは事務」は，文部省が人事院と協議して国立学校の教員に関して示した「教育に関する他の事業若しくは事務」の範囲についての基準（昭和34.2.27.人事院職員局長回答）があり，公立学校の教育公務員についてもこれとほぼ同様に解せられる。

（事例1）　親から賃貸アパートを含む全財産を相続し，アパート及び駐車場の賃貸を行っていたが，自営兼業の承認申請を提出することを怠っていた。→懲戒処分

（事例2）　任命権者の承認を得ることなく，勤務時間外に，県内において家庭教師のアルバイトを行い，報酬を得ていた→懲戒処分

　教育公務員の場合，予備校，塾，家庭教師などは，許可要件の緩和の「教育に関する他の職」，「教育に関する他の事業若しくは事務」の範囲から外れることになる。

3 分限及び懲戒

　職員の基本的な権利は，その身分の保障と給与その他の経済的権利に大別できる。さらに，これを支えるために勤務条件に対する措置要求制度や不利益処分に関する不服申立て制度，職員団体による交渉等の制度が設けられている。

　このように身分保障は職員の身分取扱いにおける重要な要素であり，地方公務員法第27条で規定されているように，法律又はこれに基づく条例によることなくその身分保障を奪うことはできないとされている。

　民間の労働者の雇用関係は私法上の契約関係であり，契約中の原則の下に，当事者双方はいつでも契約を解除できる。一方，公務員の勤務関係，即ち，任用行為は，公法上の行政行為であり，行政の継続性と安定性を確保するため，任命権者が任意に職員を免職するなどの不利益な処分を行うことを認めていない（地方公務員法第27条）。

　即ち，職員はその意に反する不利益な処分である分限処分及び懲戒処分はこの法律（分限は地方公務員法第28条，懲戒は同法29条）及びこれに基づく条例の定める場合以外には認められず，不当な処分が為された場合には不利益処分の申立て（地方公務員法第49条の2）を行うことができ，更に裁判所に対して行政事件訴訟法に基づき出訴する事が出来る。

　分限処分とは，公務能率を維持することを目的として，一定の事由がある場合に，職員の意に反する不利益な身分上の変動をもたらす処分をいい，免職，降任，休職，降給がある。

　懲戒処分とは，職員の一定の義務違反に対する道義的責任を問うことにより，公務における規律と秩序を維持することを目的として職員の意に反する不利益な身分上の変動をもたらす処分をいい，免職，停職，減給，戒告がある。

分限及び懲戒の公正の原則と分限及び懲戒の基準（地方公務員法第27条）
　すべて職員の分限及び懲戒については，公正でなければならない。
２　職員は，この法律で定める事由による場合でなければ，その意に反して，降任され，若しくは免職されず，この法律又は条例で定める事由による場合でなければ，その意に反して，休職されず，又，条例で定める事由による場合でなければ，その意に反して降給されることがない。
３　職員は，この法律で定める事由による場合でなければ，懲戒処分を受けることがない。

分限の事由（地方公務員法第28条）
　職員が，左の各号の一に該当する場合においては，その意に反して，これを降任し，又は免職することができる。
　　１．人事評価又は勤務の状況を示す事実に照らして，勤務実績がよくない場合
　　２．心身の故障のため，職務の遂行に支障があり，又はこれに堪えない場合
　　３．前２号に規定する場合の外，その職に必要な適格性を欠く場合
　　４．職制若しくは定数の改廃又は予算の減少により廃職又は過員を生じた場合
２　職員が，左の各号の一に該当する場合においては，その意に反してこれを休職することができる。
　　１．心身の故障のため，長期の休養を要する場合
　　２．刑事事件に関し起訴された場合
３　職員の意に反する降任，免職，休職及び降給の手続及び効果は，法律に特別の定がある場合を除く外，条例で定めなければならない。
４　職員は，第16条各号（第３号を除く。）の一に該当するに至ったときは，条例に特別の定がある場合を除く外，その職を失う。

懲戒の事由（地方公務員法第29条第1項）

　職員が次の各号の一に該当する場合においては，これに対し懲戒処分として戒告，減給，停職又は免職の処分をすることができる。

1．この法律若しくは第57条に規定する特例を定めた法律又はこれに基く条例，地方公共団体の規則若しくは地方公共団体の機関の定める規程に違反した場合

2．職務上の義務に違反し，又は職務を怠った場合

3．全体の奉仕者たるにふさわしくない非行のあった場合

考　察

1　職務上の義務の種類について述べよ。

2　身分上の義務について種類と意味について述べよ。

3　教員が，自宅で仕事をするため，児童生徒の成績等の書類やそれらが記録されたハードディスク等を鞄に入れ学校から帰宅の際，通勤手段の電車に忘れ，鞄が見つからずその中にあった児童生徒の成績等の書類やそれらが記録されたハードディスク等を失うことになった。日頃から校長は，校外持ち出しを禁ずる旨の注意を受けていた。このような場合，服務上どのような問題があるのか述べよ。

4　公務員の労働基本権保障の制限について関係する最高裁判例を基に述べよ。

5　懲戒処分の性質について説明せよ。

6　地方公務員法第28条第1項第1号「人事評価又は勤務の状況を示す事実に照らして，勤務実績がよくない場合」とある。下線部分が，新たに追加されたところであるが，追加の意義について述べよ。

第4章

教員養成

1 はじめに

　明治以降，初等教育及び中等教育の教員養成は，主に，師範学校や高等師範学校において行ってきた。戦後は，初等教育及び中等教育の教員養成は，特定の学校で行うのではなく，国立，公立，私立の大学を問わず教育大学や大学の教育学部などをはじめ，教職課程を置く大学において養成するという「開放制」を基に行われてきた。

　学校教育の質の確保は，教員養成の在り方と深くかかわるものである。この章においては，教員養成制度について考察する。

2 近代の教員養成制度

1．教員養成の開始

　1872（明治5）年，「学制」公布に先立って文部省は，教員養成のモデルとして東京お茶の水旧 昌 平黌に師範学校を設置する。その際，従来の教育，特に寺子屋師匠に対する厳しい批判の見地から，教具教材のすべてを米国から取り寄せ米国人教師スコット（Scott. M.M.）を招聘し，その指導により，米国公教育の教授法を導入するとともに，小学校の教育課程や教科書の編纂にも当たった。

　創設当時の師範教育の状況は，以下に述べる。

　文部省は，1872（明治5）年8月文部省中小学掛の弱冠24歳の諸葛信澄を師範学校校長に任じ，1871（明治4）年8月に来日の大学南校の教師であったスコットを師範学校教師として招聘する。招聘の理由としてはスコットが師範教育に詳しいことによるが，このことは，日本の教員養成がアメリカの師範学校をモデルとして始めたことを意味する。

　当時，小学校教則もまだ確定していないので，欧米の授業法を基に小学校の教育方法を確立し，生徒に知識を伝習することが師範教育の第一歩であった。スコットが，アメリカの小学校そのままと言ってよい教育方法をとり入れ英語で授業をし坪井玄道（明治11年，体操伝習所の設立の折，米国人リーランドの通訳，その後体操教師となり，体育教員の養成に努める。後，高等師範学校，高等女子師範学校，東京女子体操音楽学校の教員を歴任するなど，女子体育の発展に尽力。）が通訳をするという有様である。教材等についても，アメリカの小学校で使用している教科書・教具・機械等を取り寄せ教場内部の様子も全くアメリカの小学校と同じようにして，授業が進められた。

　教師は，学力の優秀な生徒を上等生とし，この上等生を小学校児童と見なして，小学校の教科を教授し，また，これに倣って上等生が下等生を児童と見なして教えた。この時，我が国において，初めて**モニトリアル・システム**として，**一斉指導**が導入された。

　師範学校生徒募集に係る布達によれば，学力については「和漢通例ノ書及ヒ粗算術ヲ学ヒ得テ」，年齢は20歳以上，身体壮健，試験により入学が許可されること，学費などは官費でまかなうこと，入学すれば小学校教育に必ず従事するという誓約書を提出すること，卒業時には免許を与え「小学生徒の教師」として各地に派遣すること，となっている。

　「学制」には，「教員ノ事」として小学校教員の資格は，男女ともに年齢20歳以上で師範学校免状又は中学免状を取得した者でなければその職に就けないとし，中学校教員については，年齢25歳以上で大学免状を取得した者でなければならないと定めている。

　文部省は，各大学区本部に官立師範学校を設置することとし，1873（明治6）年，師範学校を東京師範学校と改称し，大阪と宮城，1874（明治7）年，愛知・広島・長崎・新潟と計7校を設置する。また，女性の「天性」が児童の養育に

ふさわしいとして1875（明治8）年，**女子師範学校**を東京に開校する。1877（明治10）年，1878（明治11）年にかけて，官立の師範学校は，財政事情により廃止される。1875（明治8）年，東京師範学校は，中学師範学科を設置して，中学校教員の養成をも開始する。これに伴い，1884（明治17）年「中学校師範学校教員免許規定」が定められ，中学師範学科及び大学の卒業者以外で，中等学校教員を志願する者は検定によって免許状を授与することとなる。各学科毎に授業法を併せて学力の検定をし，品行についても検定する。

　各府県において，小学校開設に伴い新しい教育方法を身に付けた教員を必要となったが，当初は，教員に任命された旧士族，平民，神官，僧侶，寺子屋や郷学の師匠など，幕藩時代の知識人に対して，小学教則と授業法を現職講習するにとどまっていた。やがて，教員の新規養成を開始することになり，小学講習所・伝習学校・養成学校などと呼ばれたこれらの施設において養成していたが，1875（明治8），1876（明治9）年頃から官立師範学校の卒業生を教員に招いて府県立の師範学校として改組されていき，府県立師範学校に於いて教員を養成することになる。

　府県立師範学校について京都府の事例を以下に述べる。

　1876（明治9）年，京都府師範学校が設置されるが，その経緯等については，以下の通りである。

　1870（明治3）年5月，太政官より府学を建設すべき旨の命があり，二条城の北旧京都所司代屋敷に府学を設置する。ここが京都府師範学校の前身である。1871（明治6）年2月　府学を**管内小学校取締所**と改称，7月市内下立売釜座京都守護邸に移転し，1874（明治7）～1875（明治8）年にわたり**小学校教員講習所**を此処に設置する。1875（明治8）年2月仮中学校校内にも教員仮講習所設置，山城，丹波地方等にも仮講習書を設置，1876（明治9）年にいたり京都集雪院に第2講習所を設置する。1876（明治9）年4月上京区第11組中筋町旧准后里御殿（京都御所苑内薬師門内）を仮校舎として**京都府師範学校**が創立される。開校式には，槇村知事の臨席の下で行われた。67名の生徒が入学をする。学期は半年制度で2年を4期に分け，第4期を修了した者は，当時二条城内に設置された京都府庁に出頭して最後の試験を受けて卒業することになっていた。試験官は槇村知事であった。この試験は卒業後の俸給を決定する実地授業であっ

て同僚を仮の生徒として行うものである。つまり卒業試験にも一斉授業が実施されたのである。校長を置かず，府が直轄し，７人の教官と助手が配置されている。1877（明治10）年末，教官は10名，生徒100名となる（『京都府師範学校沿革史』1982年復刻，第一書房）。

　これらの教員養成機関によって，近代教授法を身に付けた教師が，学校に送り込まれるのは，1877（明治10）年代に入ってからである。

　1880（明治13）年，第二次教育令により師範学校の府県必置が定められ（同33条），教員資格は，師範学校卒業証書と府県知事が授与する免許状の，いわゆる**卒業資格主義と免許資格主義**の２制度（同38条）とした。

　1881（明治14）年，師範学校教則大綱が制定され，師範学校は，初等師範学科（小学初等科教員養成，修業年限一年）・中等師範学科（小学初等・中等科教員養成，修業年限二年半）・高等師範学科（小学高等科を含む各等科教員養成，修業年限四年）の三課程から成り，入学資格は17歳以上で小学中等科卒業以上の学力あるものとされたが，土地の状況によっては，15歳以上でも差し支えないものとされる。卒業証書の有効期限は，７年であったが，その後の学力検査と品行等の検定を経るか，一定の条件を満たしている中等学科以上の卒業生で有れば終身有効の卒業証書に改められる。このように，当時の卒業証書が現在の教育職員免許状に替る役割を果たしたのである。すなわち，**師範学校卒業証書の有効期限主義の原則は，卒業証書が教員資格を兼ね，さらに，品行要件を含む教員資格の改善が意図されていた**のである。

２．師範学校等の整備

　森有礼*は，1884（明治17）年３月ヨーロッパから帰国し，同年５月参事院議官，文部省御用掛兼務，その後，文部行政に参画し，1885（明治18）年12月内閣制度の創設とともに，**伊藤博文内閣の初代の文部大臣**となる。

森　有礼

　森文相の教育に関する考え方は，国家至上主義の「国体教育主義」である。それは，井上毅が，森の死後間もなく1889（明治22）年３月９日皇典講究所で行った講演の中に，森文相の教育の主義について「国体教育

主義であった」と述べている。更に，同年１月28日，森文相が直轄学校長に説示した要領の一節に，「諸学校を維持するも畢竟国家の為なり」とか，「学政上においては，生徒其人の為にするに非ずして国家の為にすることを終始記憶せざるべからず」等と述べていることから窺うことができる（文部省編『学制百年史』帝国地方行政学会，p.270）。

　その具現化には，初めての大学令を帝国大学令と命名し，大学教育の目標を国家の須要に応ずる学術技芸を教授攻究することとしたこと，**師範学校教育**に**軍隊式教育を導入**したこと，小学校・中学校に「兵式体操」を採用したことこと，などである。また，教育の経済主義あるいは学校経済主義と言うべき教育政策がみられる。それは，義務教育である公立小学校の授業料の徴収を原則としたこと，直轄学校を統合したこと，などである。他，特に重視したものに地方視学制策がある。森文相は地方の教育を自ら視察して，しばしば講演や訓示を行い，激励するとともに指揮監督に努める。この時代から教育の国家管理が強化されるが，それは，単に政府が法令を定め実施するにとどまらず，地方の教育を直接視察監督する必要を認め，そのために文部省に視学部を置き**視学制度**の拡充を図った事も注目される。

　森文相は，公教育形成の要は教員の資質にあるとして，師範学校の整備に力を注ぐ。

　1886（明治19）年，師範学校令を公布し，その第一条に「生徒ヲシテ**順良信愛威重**ノ気質ヲ備ヘシムルコトニ注目スヘキモノトス」という異例のただし書を付す。この「順良信愛威重」は後の師範教育令により「徳性」と表現され，我が国教員に必要な資質と見なされる。「順良」→目上には恭しく素直に従うこと，「信愛」→教員が仲良く信頼し合うこと，「威重」→威厳をもって生徒に接すること，を意味している。

　師範学校令では，師範学校を尋常・高等の２段階に分け，前者は小学校教員の養成を目的とし，各府県に府県立１校を設立するとした，後者は尋常師範学校の教員養成に当たり全国に１校官立で東京に設立するとした。両者とも上記の**三気質育成**のため**全員寄宿舎制**の下，**軍隊式教育や訓練**を導入する。

　当時公布された学校令は，小学校令・中学校令・帝国大学令・師範学校令であるが，この４種類の学校を新しい方針によって改革したのであり，その後成立したその他の諸学校令を併せて考えると，それは学制改革の核心といえるも

のである。

　学校制度の立案に当たり，小学校・中学校・師範学校を尋常及び高等に分けて組織した。

　義務教育については，その規定を明確にし，**尋常小学校卒業までの就学義務を規定**した。その後，数10年にわたって整備拡充されていくが，森有礼文相時代に定められた学校制度は，我が国の学校制度の基礎を確立したものといえる。

　1890（明治23）年，小学校制度の整備や**教育勅語**の成立に伴って，森文相時代の師範学校制度は大幅に改訂され，師範学校令の一部改正をはじめ，その施行上の諸規則が一括改正される。

　1897（明治30）年には，師範学校令を廃止して新たに師範教育令が公布され，**戦前を通じての我が国師範学校制度の基盤が確立**される。この際，尋常師範学校は単に師範学校と改称され，その生徒募集定員は小学校の補充必要教員数に合わせて決定されることとなる。

　師範学校は，小学校の教員を，高等師範学校は，師範学校，尋常中学校，女学校の教員を，女子高等師範学校は，師範学校女子部，高等女学校の教員を養成することを明確にする。

　1900（明治33）年とその翌年，小学校教員不足に対応するため，府県の学務当局に対して，臨時講習を行うことにより，小学校本科正教員の免許状を与える便法を講じたが，しかし，需要を充たすまでにいたらなかった。

　1907（明治40）年，師範学校に関する諸規則を総合した師範学校規程が制定され，高等小学校卒業者を入学資格とする本科第 1 部（4 年）のほか，中等学校卒業者を入学させる本科第 2 部（男子 1 年，女子 2 年または 1 年）とを設置し，即ち，師範学校は中等教育以後の課程を含むことにより，小学校教員養成の拡充を図った。

　1910（明治43）年，師範学校教授要目が制定され，師範学校における教科内容の基準が詳細に規定されるが，第 2 部は補充機関としての位置にあった。

　1931（昭和 6 ）年，師範学校規定の一部改正より，第 2 部の修業年限が 2 年となり，第 1 部と対等の位置になる。また，特別の事情がある場合はどちらか一方を置かなくてもよいことになり，第 2 部のみの師範学校も設置可能となったことで，急速に第 2 部の生徒数が増大する。

　1943（昭和18）年，師範教育令が改正され，その主要な事項の第 1 は，従来

の師範学校令及び師範教育令の**第1条但書「順良親愛威重」の気質ないし特性が除かれ，第1条「師範学校ハ皇国ノ道ニ則リテ国民学校教員タルベキ者ノ錬成ヲ為スヲ以テ目的トス」**となる。第2は，師範学校を官立（第2条）とし，修業年限3年の専門学校程度に高め2年の予科を置くことができる（第4条）。なお，従来男女別に師範学校を設置してきたものを，男子部，女子部という形にまとめることになった。第3は，学科の編成，教科，教授訓練，教科用図書，生徒の入退学，学資支給，卒業後の服務は全て文部大臣が定めるもの（第6条）とし，これに基づいて師範学校規程，師範学校教科教授及び修練指導要目などが定められたが，教科用図書については固定することになる。第4は，現職教育のために本科の上に修業年限6ヶ月以内の研究科を置くことができる（第7条），等である。

　高等師範学校は，師範学校教員のほか中等学校教員を養成する学校となり，師範学校のほか中等学校の卒業者も入学し得ることになる。中等学校の拡充に対応して，高等師範学校の増設が必要になり，従来，東京にあった高等師範学校，女子高等師範学校に加えて1902（明治35）年に広島高等師範学校，1908（明治41）年には奈良女子高等師範学校がそれぞれ設置される。また，1902（明治35）年には，臨時教員養成所官制を公布し，中等学校教員の需要に応じて文部省直轄高等教育機関に臨時教員養成所を附設する。なお，実業学校教員の養成についても，1894（明治27）年に工業教員養成規程を定め，1899（明治32）年にはそれを拡大して実業学校教員養成規程とし，1902（明治35）年に新たに実業学校教員養成規程を公布し，実業学校教員志望者への学資補給の範囲を拡大して教員供給の増大を図る。

　高等師範学校が教育界の特権的地位を与えられていただけに，様々な批判があり，時折高等師範学校存廃論となって出ていた。それは，1897（明治30）年代の文部省内では，中等学校教員については，専門学校や大学などがその役割を果たしていたからである（山崎英則・西村正登編著『求められる教師像と教員養成』ミネルヴァ書房，pp.27-28）。

　高等師範学校の大学昇格運動が起こるが，1918（大正8）年，「大学令」により官公私立の専門学校の大学設置を認めたものの，高等師範学校は法制面で「師範教育令」の系譜にあるとして認められず，1929（昭和4）年，文理科大学が

設置され高等師範学校はその付属学校となった。

　1943（昭和18）年，師範教育令改正，その第12条は，「**高等師範学校ハ皇国ノ道ニ則リテ中学校及ビ高等女学校ノ教員タルベキ者ノ錬成ヲ為スヲ以テ目的トス　女子高等師範学校ハ…**」のように，高等師範学校及び女子高等師範学校は，中学校及び高等女学校の教員を養成することになる。また，師範学校は，官立の修業年限3年の専門学校となり，2年の予科を置くことができるとした。

　1944（昭和19）年，師範教育令改正において，1935（昭和10）年に設置された青年学校教員養成所を，修業年限3年の青年師範学校（男子部職業科，女子部家庭科を主とする）とし，官立の専門学校として，師範教育令に位置づけた。

＊森有礼（もり ありのり），1847（弘化4）年7月13日～1889（明治22）年2月12日

　鹿児島生まれ。外交官，政治家。父は鹿児島藩士。藩校造士館，藩洋学校開成所に学ぶ。1865（慶応元年）藩の留学生として英国に留学（ロンドン大学で学ぶ）。米国を経て1868（明治元）年帰国後，新政府において徴士，外国官権判事，公議所議長心得，制度寮副総裁心得などをつとめる。一時離職し郷里に戻るが，再び出仕し，1870（明治3）年米国駐在少弁務使としてワシントンに赴く。米国在勤後の1873（明治6年，福沢諭吉，西周，西村茂樹らとともに明六社を設立するなど，欧米思想の啓蒙に尽力。1875（明治8）年商法講習所設立に参画。以後駐清公使，外務大輔，駐英公使，参事院議官兼文部省御用掛等を歴任。第1次伊藤，黒田各内閣の文相となる。憲法発布当日，国粋主義者に襲われ翌日死去。

3 戦後の教員養成制度

1．教員養成制度と教育職員免許法

　終戦直後の学校教育は，学校施設や教材の欠乏だけでなく，教員の不足や無資格教員の増大という難問に直面していた。教員は，当時の制度下の有資格教員のほか，高年齢の退職教員の再採用によっても賄えず，教員免許状を所有しない中等学校卒業者等を助教として多数採用した。

　1947（昭和22）年11月の教育刷新委員会の建議の趣旨に基づき，我が国の教員養成は，今後は大学教育により行うものとし，特に教員養成を主とする大学・学部のほか，国・公・私立のいずれの大学においてもできることとする「**開放**

制」が採用される。

　新しい大学における教員養成の課程の編成に当たっては，まず教員の資格制度を定めることが必要であり，そこで「教育職員免許法」が1949（昭和24）年5月に公布され，9月から施行される。

　この法律の主な内容は，

 ① 大学以外の学校の校長，教員及び教育委員会の教育長，指導主事は，すべて免許法により授与された各相当の免許状が必要なこと，

 ② 免許状の種類は普通・仮免・臨時の三種とし，普通免許状は一級及び二級とすること，

である。

　この免許法では，小学校，中学校，高等学校の校長・教員，教育委員会の教育長，指導主事には，**相当免許主義**が実施されることとなった。

2．新しい教員養成機関

　国立大学設置11原則に基づいて，各都道府県に置かれる国立大学には，必ず学芸学部又は教育学部を置き，単科の場合には学芸大学とする方針が採られ，その母体は，従前の師範学校及び青年師範学校であった。1949（昭和24）年5月，国立学校設置法により，教員養成を主とする学芸大学，学芸学部，教育学部が設けられた。また，義務教育年限の延長に伴う教員需要の急増に対処して，教員資格取得の臨時的年限短縮のため，これらの大学・学部に2年修了の教員養成課程も設けられる。

　小・中学校の教員については，主として，国立の教員養成大学・学部において計画養成が行われることとなり，その入学定員は各都道府県の教員需給関係を考慮して設定することになる。高等学校教員については，一般の大学・学部にその学科の専攻に即した教科についての教員の免許状を取得させる課程を設け，その卒業者を充てる，とした。

3．現職教員の教育

　終戦後，直ちに文部省は教育の転換に即した教員の現職教育に着手する。

　教員の再教育にとって注目すべきものは教育指導者講習（IFEL, The Institute

For Educational Leadership）であった。これは，1948（昭和23）年教育委員会の設置に伴い，教育長・指導主事の養成及び教員養成諸学校の教職課程担当教員の現職教育を目的として開催された全国的な講習である。開設当初は「教育長等講習」と呼ばれ，CIE（GHQ民間情報教育部）の賛助を得て文部省主催の下に開催地の各大学と協力して実施された。1950（昭和25）年度からは「教育指導者講習」と改められ，さらに，1951（昭和26）年度からは大学に委託して実施することとなる。

　また，教育職員免許法の施行に伴い，免許法施行当時教職にあった高等学校以下の校長及び教員約59万人に対し継続的，組織的に資質の向上と資格の上級化のための現職教育が行われることになり，1950（昭和25）年度から1958（昭和33）年度まで実施される。

4．新教育制度の充実

（1）教員養成制度の整備

　諸般の教育制度の充実に伴い，教員に対して高い専門学力と教職教養が要請されるようになり，1953（昭和28）年には教育職員免許法の一部改正が行われ，一般の大学における免許状取得に必要な単位は文部大臣が認定した課程で修得しなければならないこととされる。引き続いて，1954（昭和29）年にも免許法の一部改正が行われ，免許法に定められる修得単位数を増加させると同時に，従来の仮免許状と校長，教育長，指導主事についての免許状を廃止する。その後，中央教育審議会は1958（昭和33）年7月の答申で教員養成のための具体的提案を行い，教育職員養成審議会も，1962（昭和37）年，1965（昭和40）年，1966（昭和41）年と相次いで建議を行う。

　これらの趣旨に基づき，学芸大学・学芸学部の名称をその目的と内容に即するよう教育大学・教育学部に改め，また，指導的立場に立ち得る教員を養成するため，教員養成大学に大学院修士課程を設置する。

　1971（昭和46）年6月の中央教育審議会答申においては，教員養成に関する基本的施策を重要事項の一つとして取り上げ，教員養成大学・学部の整備充実，免許基準などの改善，初任者研修の充実，現職教員の研修を目的とする高等教育機関の設置，教員給与の大幅な改善などの諸施策の推進について提案する。

　また，特殊教育の振興に伴い，その教員養成の拡充が大きな課題となってき

たので，従前の2年の臨時課程のほか，盲・聾学校教員養成のための4年制課程の設置が進められ，養護学校教員養成課程を国立の教員養成大学・学部のすべてに設置する計画も進められる。一方，幼稚園の就園率の上昇に伴い，幼稚園教員の量質両面の拡充を目的として，41年度から国立の教員養成大学・学部に幼稚園教員養成課程の設置が開始される。

さらに，中学校及び高等学校の教科担当の教員のうち，供給が困難なものの計画的養成を図るため，1952（昭和27）年度から，国立の教員養成大学・学部に特別教科教員養成課程を設置し，また，工業教員の需要の増大に対応するため，1961（昭和36）年，「国立工業教員養成所の設置等に関する臨時措置法」を制定し，臨時に9国立大学に，工業教員養成所を設置する。このほか，小学校，中学校の養護教諭の安定的な供給を図るために，1965（昭和40）年度から，修業年限3年の国立養護教諭養成所が，全国9大学に附置される。

こうした教員養成制度の改善・充実により，正規の資格を有しない教員の占める割合は急速に減少し，また，4年制大学卒業者の占める割合が当然のことながら増加する。

4 | 教員免許制度

1．教員養成・免許制度改善の動向

1955（昭和30）年代になって，教員の資質向上が重要な課題となり，中央教育審議会や教育職員養成審議会から数次にわたる答申・建議が出される。

1972（昭和47）年の教育職員養成審議会建議「教員養成の改善方策について」は，1971（昭和46）年の中央教育審議会答申を踏まえ，これらの諸改革案を集約したものであり，教員養成・免許制度については，教員の専門性を高める見地から，小・中学校の免許状についても大学院修士課程レベルの免許状の創設，免許基準の引上げ，教育実習期間の延長等を提言し，また一方，広く教職に多様な人材を迎え入れる見地から，教員資格認定試験の拡充等を提言している。実施可能なものから逐次施策を講ずる方針の下に検討を進め，48年の教育職員免許法の改正により，教員資格認定試験の拡充整備を行う。

2. 1984（昭和59）年教育職員免許法改正案

　教員養成・免許基準については，様々な議論があったが，基本的な変更は行われないまま1975（昭和50）年代を迎えて，高等教育の規模の拡大とともに，教員免許状取得者が教員就職者をはるかに上回り，学校における教育実習の受入れに困難が生じるなどの問題も出てきた。1980（昭和55）年代になって，児童生徒の非行・問題行動の多発や偏差値依存の進路指導などが問題となり，これらの課題を解決していくためにも，教員の資質向上を図るべきであるとの国民の要請が高まり，自由民主党においても提言がまとめられる。文部省においては，これらの状況を踏まえ，1983（昭和58）年の教育職員養成審議会の答申を受け，1984（昭和59）年，教育職員免許法の改正案を国会に提出する。この法案は，大学院修士課程修了程度を基礎資格とする「特修免許状」の新設，免許基準の引上げ，教育実習期間の延長と大学による事前・事後の指導単位の設定等を内容とするものであるが，一般大学における教員養成を制約する等の反対が強く，教育改革について審議するための臨時教育審議会設置法案が同時に審議されていたこともあって，成立には至らなかった。

3. 1988（昭和63）年教育職員免許法改正

　臨時教育審議会は，初等中等教育の主要な課題の一つとして教員の資質向上の問題を取り上げ，1986（昭和61）年4月の第二次答申において，教員の養成・採用・研修の全般にわたる基本的提言を行う。文部省は，教育職員養成審議会における専門的見地からの審議を経て，教育職員免許法の改正案を1988（昭和63）年3月に国会に提出する。本法案は，継続審議の後，同年12月の第113回国会において成立し，平成元年度から施行された。この免許制度の改正は，免許状の種類の改善，免許基準の改善，社会人の学校教育への活用等を内容とするものであり，従来の各方面からの提言を集大成し，制度化したものであり，1949（昭和24）年の教育職員免許法制定以来最大の制度改正であった。その主な内容は，次のとおりである。

　① 免許状の種類を，すべての校種について，基礎資格を大学院修了程度とする**専修免許状**，学部卒業程度とする**一種免許状**，短大卒業程度と

する**二種免許状**の３種類とした。一種免許状は，教員の資質能力の標準的な水準を示すものとして位置付け，二種免許状を有する教員には，一種免許状取得の努力義務が課された。

専修免許状の新設は，修士課程修了者を教職に招致することのみならず，教員の修士課程における研修の促進をねらいとしている。

② 社会人として有為な人材を教員として活用するため，教育職員検定により授与される**特別免許状**が創設された。

③ 学校教育の内容の変化に対応し指導力の向上を図るため，教職科目として，「教育の方法・技術」，「生徒指導」，「特別活動」などの科目を履修することとされた。また，教育実習については，初任者研修制度の創設によりその在り方が論議されたが，従来どおりの期間で残すこととし，その運用の改善を図るため，大学における事前及び事後の指導を必須とした。

5 | 新教育大学の設置

1．教員のための大学院大学構想

1971（昭和46）年６月の中央教育審議会答申「今後における学校教育の総合的な拡充整備のための基本的施策について」は，教員の資質能力の向上について多様な提言を行っている。その中で，「教員の再教育を目的とする高等教育機関（大学院）を創設し，そこにおける再教育は，教職における優れた実績に基づいて任命権者が推薦した現職者に対して，２年間，教職に必要な高度の一般的・専門的な教養に加えて，教育課程の理論，教育に関する実際的な指導技術，教科の専門的な教育方法又は学校経営について研究修練を行わせるものとすべきである」旨提案している。

これは，教員の資質能力の向上を図るためには，養成の過程や初任者段階においてその基盤を培うのみならず，教員が現職に就いてからも研鑽や研究を重ね，資質能力の向上を目指すことが要請されるためである。

1972（昭和47）年，教育職員養成審議会は，現職教員の研修・研究を目的と

する大学院と初等教育教員に必要な幅広い総合的な資質を養うことなどに工夫改善を加えた，新しい構想による教員養成大学を創設すべきことなどについて建議する。

2．新教育大学の設置

　この報告を受け，文部省は，1978（昭和53）年に兵庫教育大学及び上越教育大学，更に1981（昭和56）年に鳴門教育大学を発足させた。これらの新教育大学では，大学院修士課程に学校教育研究科（入学定員300人）を置き，現職教員の高度の研修・研鑽の機会を確保する観点から，大学院生の3分の2程度を教職経験3年以上の現職教員の受入れに充て，学校現場に内在する今日的課題の解明に資する教育研究活動等を展開しており，教員を派遣する教育委員会等と大学との密接な連携協力による積極的な派遣が期待されている。また，学部としては，初等教育教員を養成する学校教育学部（入学定員200人）を置き，教員としての人間形成を重視しつつ，実践的指導力を有する教員を養成するとしている。

3．教職大学院制度

　2006（平成18）年7月11日，中央教育審議会「今後の教員養成・免許制度の在り方について」（答申）において，「教職大学院」制度の創設について，その基本的な考え方を以下のように述べている。

　　「近年の社会の大きな変動の中，様々な専門的職種や領域において，大学院段階で養成されるより高度な専門的職業能力を備えた人材が求められている。教員養成の分野についても，研究者養成と高度専門職業人養成の機能が不分明だった大学院の諸機能を整理し，専門職大学院制度を活用した教員養成教育の改善・充実を図るため，教員養成に特化した専門職大学院としての枠組み，すなわち「教職大学院」制度を創設することが必要である。…」

　新教育大学においては，大学院修士課程に学校教育研究科を置き，現職教員の高度な研修・研鑽の機会を確保する観点から，大学院生の3分の2程度を教職経験3年以上の現職教員の受入れに充てるとしたが，このような大学院制度

が研究者養成と高度専門職業人養成との機能区分を曖昧にしてきた。実態からも，高度専門職業人養成の役割を果たすには，不十分な展開であったといえる。教員養成の視点から見れば，ともすれば個別分野の学問的知識・能力が過度に重視される一方，学校現場での実践力・応用力など教職としての高度な専門性の育成が疎かになっており，本来期待されるべき機能が十分に発揮されていない。そこで，このような課題を克服するため，専門職大学院として教職大学院を教員養成モデルとして制度的に提示すれば，現存学部段階をはじめとする教員養成により効果的な取組を促すことが期待されるとして教職大学院創設の必要性を説いている。

2003（平成15）年度に，科学技術の進展，社会・経済のグローバル化に伴い，社会的・国際的に活躍できる高度専門職業人養成へのニーズが高まり，その対応として，高度専門職業人の養成に目的を特化した課程として，従来の大学院制度とは異なる**専門職大学院**が創設された。

その特徴は，**理論と実務を架橋した教育**を行うことを基本としつつ，① 少人数教育，双方向的・多方向的な授業，事例研究，現地調査などの実践的な教育方法をとる，② 研究指導や論文審査は必須としない，③ 実務家教員を一定割合置く，などである。

教員養成の分野も，上述で指摘した大学院段階でみられた課題を克服するため，大学院の諸機能を整理し，専門職大学院制度の中に教員養成の専門職大学院として必要な枠組み，すなわち「教職大学院」制度を創設することにより，専門職大学院制度を活用した教員養成教育の改善・充実を図ることとなった。

（1） 教職大学院制度

① 標準修業年限

教職大学院の標準修了年限は2年とする。ただし，各大学院の判断・工夫により，現職教員の履修の便宜等に配慮して，短期履修コース（例えば1年）や長期在学コース（例えば3年）の開設も可能とする。

② 修了要件

2年以上在学し，45単位以上修得する。ただし，10単位以上は学校における実習が義務化されている。なお，一定の教職経験により，10単位の範囲内で免除可能となっている。

③ 教育課程・方法

共通するカリキュラムの枠組（体系的・共通的に開設すべき授業科目の領域）が制度上明確化されている。実施上の教育方法は，**事例研究，模擬授業，授業観察・分析，フィールドワーク，ロールプレーイング**等の積極的な導入を予定している。つまり，**理論と実践の融合を図る教育**を目指すものとなっている。

高度専門職業人の養成を目的とする大学院段階の課程として，綿密なコースワーク（学修課題と複数の科目等を通した体系的な履修）と成績評価を前提として，理論・学説の講義に偏ることなく実践的指導力を育成する体系的で効果的なカリキュラムを編成し，実践的な新しい教育方法を積極的に開発・導入することにより，「理論と実践の融合」を図ろうとするものである。つまり，従来の学部・大学院教育が軽視しがちであった**教育技術面を重視**することが強調されている。

④ 教員組織

専門分野に関し高度な指導能力を有する専任教員を設置し，必要専任教員数の４割以上を高度な実務能力を備えた「実務家教員」とすることが義務付けている。

⑤ 連携協力校

実践的指導力育成のため，市中の学校から「連携協力校」の設定が義務付けている。

・学位　専門職学位として「教職修士（専門職）」が授与される。

⑥ 教員免許状

大学院修士課程修了程度に授与される「専修免許状」を取得することができる。

⑦ 認証評価

中核的・指導的な教員の養成・研修の場としての水準の維持・向上を図るため，５年ごとに認証評価機関による評価を行うことが義務付けられている。

⑧ カリキュラムの基本フレーム（図4-1）

図4-1 カリキュラムの基本フレーム

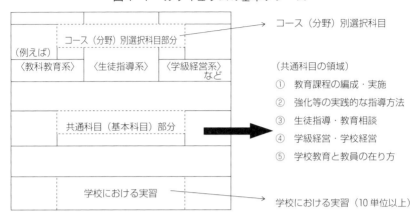

出所：平成18年7月11日，中央教育審議会答申「今後の教員養成・免許制度の在り方について」補足より作成。

（2）教職大学院設置状況

　2008（平成20）年4月から開校したのは，19大学（私学4校を含む）であるが，現在（2017（平成29）年4月1日現在）は53校（私立7校を含む）において設置されている。

（3）日本で最初の国立と私学の大学連合を図る京都教育大学（京都連合教職大学院）

　京都教育大学の連合教職実践研究科は，2008（平成20）年4月に，**京都教育大学を基幹大学とし，京都の7私立大学*すなわち，京都産業大学・京都女子大学・同志社大学・同志社女子大学・佛教大学・立命館大学・龍谷大学が連合構成大学となり，京都府教育委員会・京都市教育委員会との連携の下に**，設立された。

　日本で最初の国立・私立の大学連合で設置された教職大学院（専門職大学院）である。校風はもちろんのこと，設置者が異なるという国立・私立の根本的な違いを乗り越えて設立できたのは，当時の京都市教育委員会教育長のリーダーシップと，当時の各大学学長の英断によるものである。またその背景として，京都市と大学を中心とした産学公の連携により，1994（平成6）年に全国初の大学連携組織である「京都・大学センター」が設立され，単位互換事業やイン

ターンシップ事業など様々な事業を実施してきた。2010（平成22）年 7 月，内閣府より認可を受け，公益財団法人に移行し，約50の大学・短期大学に加え，地方自治体・経済団体も参画する全国最大規模の大学コンソーシアム京都が存在したことが，このような連携・連合に大きな影響を与えた。

　この研究科は，授業力高度化コース，生徒指導力高度化コース，学校経営力高度化コースの 3 コースから構成されており，各コースの募集人員は20名である。入学者の 7 割以上を占める学部新卒院生は，連合構成 8 大学以外にも，関東地域の大学から，九州の大学まで，国立，公立，私立の多様な学生が入学し，その多様性と量において，全国の教職大学院の中でも際立って多い。現職教員院生は，入学資格が10年以上の教職経験のある現職教員等に限定される学校経営力高度化コースが中心に入学していた。

本大学院の教育課程の特色

　本研究科の教育課程は「理論と実践の往還・架橋」を基本理念として編成・実施されており，その特色は以下の通りである。

1．1 年次では共通必修科目・コース必修科目を中心とした理論的な学びを深める。1 年次後期から 2 年次前期には学校実習科目で実践的な学びを深める。2 年次後期には修了論文の作成に取り組み，これらを統合した学びを深める。

2．院生は研究者教員と実務家教員の複数のゼミに所属し，指導を受ける。

3．共通科目については，研究者教員と実務家教員がティーム・ティーチングで指導に当たる。

4．実践的な学びの中心となる学校実習「教職専門実習」は 1 年次の 9 月と 2 年次前期の 2 期に分けて実施される。1 校当たり 3 人の実習生配属を基本に公立の連携協力校と本学附属学校約20校において学校の指導教員と大学側の複数の教員が指導を行う。

5．「選択科目」は，本研究科の専任教員に加え，本学大学院教育学研究科専任教員も担当しています。開設科目数は約30科目である。また，教育学研究科の開設科目を受講することもできる。

6．国際性を涵養するための海外研修プログラムや英会話講座など正規の教育課程外の活動や教員研修留学生，研究生の受け入れを行っており，グ

ローバル社会で活躍できる教員としての資質向上をめざす環境が整っている。

　本大学の特徴は,「多様性」にあり,その「多様性」が質の高さを生んである。

＊　現在の京都教育大学連合教職実践研究科は,基幹大学の京都教育大学と,京都産業大学・京都女子大学・同志社大学・同志社女子大学・佛教大学・龍谷大学・京都橘大学・京都光華女子大学・京都ノートルダム女子大学の9私立大学の10大学から構成されている。

（4）教職大学院の課題

　研究者教員という名称もさることながら,相変わらず学部や他の研究科と同じような授業を選択科目において実施している。さまざまな教育方法や,実践研究などを取り入れ「理論と実践の融合」となるような授業実践が必要である。

　実務家教員は,人事異動等で突然に大学において授業を担当することがあり,教育実践が整理できないまま教壇に立ち,講義に逡巡がみられ十分に学校経験が発揮できていない。実務家教員は,実践研究や授業研究などを活用しながら,自らの実践も,分析し理論化を図り,必要な教育技術を明確にすることが必要である。

　両者とも教授者として,自ら理論と実践の融合を図ることが必要であると思料される。教職大学院の将来展望の浮沈は,教授者による授業の在り方に懸っている。

　カリキュラムについても教育学分野だけでは,児童生徒などのニーズが高い「わかりやすい授業」に対応しきれていない。教科専門も強化すべきである。

　また,都道府県・政令指定都市等教育委員会から教職大学院への現職教員派遣数が10名にも満たない,入学定員を満たさないなどの現状から,教職大学院修了者に対して,給与,教員採用試験等のインセンティブ付与を都道府県・政令指定都市等教育委員会等と教職大学院間で検討されるべきである。

考　察

1　戦前の教員養成制度の意義と問題点を考察せよ。

2　昨今,特に「指導力不足教員」が問題となり,「教員の資質能力向上」が求められて

いるが，戦後の教員養成「開放制」の観点から，提言すべき施策について述べよ。

■■ 参考文献

石川松太郎（執筆者代表）『日本教育史』玉川大学出版，1987年。

梅根悟監修，世界教育史研究会編『世界教育史体系1巻　日本教育史Ⅰ』講談社，1981年。

梅根悟監修，世界教育史研究会編『世界教育史体系2巻　日本教育史Ⅱ』講談社，1981年。

梅根悟監修，世界教育史研究会編『世界教育史体系3巻　日本教育史Ⅲ』講談社，1981年。

影山昇『日本の教育の歩み』有斐閣，1988年。

文部省編『学制百年史（記述編，資料編）』帝国地方行政学会，1972年。

山崎英則・西村正登編著『求められる教師像と教員養成』ミネルヴァ書房，2001年。

第 5 章

教員採用試験

1 | はじめに

　本来，教員は地方公務員であるため，他の公務員のように競争試験による採用になってもいいように思われるが，教員の資格条件として，免許状が必要であること，競争試験では適格性（学力，性行等）の判定が難しいこと，学校数及び教員数が多いので，教員の需給調節のためにも試験の方法は適当でないこと，から教育委員会の教育長の選考による採用となっている。最近ますます教員採用試験は，人物本位，人物重視の傾向を強めている。

　また，一段と教師力を重視してきている。このような最近の傾向も踏まえて，教員採用試験の概要について述べる。

2 | 採用試験

　教員採用試験は，基本的に５つの試験から成る。

1．筆記試験

　教養試験及び各教科の専門試験。教養試験は，教職教養（教育の原理，教育心理，教育法規など）と一般教養（人文分野，社会分野，自然分野）からなり，都道府県・政令指定都市等教育委員会によっては教職教養と一般教養が別々に行われる場合と，併せて行われる場合がある。

　筆記試験は，教職・一般・専門の3つの教科が課され，それぞれ広範囲の内容を理解する必要がある。したがって，筆記試験対策を学習スケジュールの柱とし，それと平行して，その他の試験対策を少しずつ進めていくことが得策となる。

　教員採用試験の筆記試験は，都道府県・政令指定都市等教育委員会ごとにその内容，出題形式とも異なっているため，自分の受験する都道府県・政令指定都市等教育委員会の出題傾向を掴んでおくことが大切である。出題傾向の把握に最も有効なのは，過去問題の分析である。試験問題を過去3年間ほど遡ってみると，どの分野の問題がどのくらいの頻度，難易度で出題されているのかが分かる。

　ただし，最初の時点では，志望する都道府県・政令指定都市等教育委員会のみに絞り込まず，全国の出題を通して大まかな傾向の把握に努め，自分なりに出題分野表などを作っておくと，傾向がより掴みやすくなる。

　早期の学習方法としては，一度，参考書などを細部まで熟読し，特に，頻出分野については，念入りに読んでおくことである。また，教職教養の分野では，参考書のほか近年出された答申・報告や学習指導要領を通読しておくが必要である。熟読した結果，自分の理解できていない分野や苦手な箇所が明らかになってくるはずであり，その部分については，基礎的な問題集を解いたり，サブノートを利用したりして，確実に基本を習得しておく。

　基礎力が定着したら，志望する都道府県・政令指定都市等教育委員会に絞り込んだ傾向分析を行い，出題頻度の高い分野をピックアップする。このとき，出題形式が選択式（マークシート式）なのか記述式なのかもチェックしておくとよい。頻出分野については，参考書の該当箇所を読んでおおよその内容を掴み，問題集を解いて実力をつけておくことである。

　基礎が定着しているのであれば順に応用問題から実践問題へと進めていく。また，模擬試験などを受験して，現時点での自分の実力を測ってみるのもよいだろう。受験後は，必ず解説に目を通し，できなかった問題については復習をしておくことが肝心である。

　試験直前期の学習方法は，新しい参考書や問題集などには手を広げず，これまでの学習の総復習を行うのが最適であり，また，不得意な分野がある場合は，集中的に問題を解き，克服することが先決である。また，受験する都道府県・

政令指定都市等教育委員会の過去問題を繰り返し解いて慣れておくことも大切
であろう。

2．論作文試験

　教育論，教師論，教育課題や実践的な指導方法などのテーマを課し，受験者
の人格や教師としての考え方・資質を問う試験として，面接試験と同じく重要
視される。

3．面接試験

　個人面接，集団面接，集団討論，模擬授業，場面指導などの形態で行われて
いる。人物重視の傾向が高まり，選考結果に占める面接試験のウェイトが大き
くなってきている。

　そのため，1次・2次を通して2～3回面接を行う都道府県・政令指定都市
等教育委員会も見られるようになり，特に模擬授業は約7割の都道府県・政令
指定都市等教育委員会が取り入れている。

　近年の教員採用試験は，人物重視の傾向にあるため，面接試験や論作文試験
のウェイトが大きくなり，内容も受験生各々の教育観，教師論や実践的指導力
が問われるものが多くなってきている。したがって，まずは柱となる筆記試験
の学習を進めていく中で得た知識を面接・論作文試験でも使えるようにしてお
くことである。具体的には，現在どのような教育を推進しているのか，教育の
現場ではどのようなことが起こっているのか，などを把握した上で，自分なら
どのように対応するのかを考えておくことである。

　そして，まとめたものを実際に声に出してみたり書いてみたりすることであ
る。それを周りの人に見てもらってアドバイスを受けたり，意見交換したりす
るなどして，自身の教育観や実践的指導法を固めておくことである。同時に自
己分析をしっかりして，自分の魅力をアピールできるようにしておくことも重
要である。

　また，教員採用試験は，筆記試験，面接試験などで時事的な問題の出題も目
立っている。したがって，日頃から社会の動き・教育の動向を捉えるため，常
に新しい情報を得ておくことが必要である。ニュースや新聞，インターネット
などを活用して，重要な内容は専用のノートを作ってその都度書き留めたり，

スクラップしたりしておき，そして，こまめに見直し，知識として定着させる。また，校種・教科によって，あるいは受験者全員に対して実技試験が課されることがある。過去の試験内容を参考にして，少しずつ練習しておく。

4．実技試験

　小学校の音楽，図工，体育や外国語，中学校・高校の音楽・美術・保健体育・英語・家庭・工業・商業・農業などである。主に，その教科に関わる基本的な技術・技能を見る試験であるが，情報化の進展に伴い，全志願者にパソコンの操作が課せられる都道府県・政令指定都市等教育委員会も多くある。

5．適性検査

　教員の資質として要求される諸々の特性について，客観的に調べるために実施される。主に，クレペリン検査，Y－G性格検査，MMPI（Minnesota Multiphasic Personality Inventory，ミネソタ多面人格目録）などが用いられる。

3 募集要項

　教員採用試験は都道府県（市）ごとに実施されるため，募集要項は，自分の志望する都道府県（市）の教育委員会または教育事務所等で入手することになる。入手方法は，直接受け取りに行く以外に請求すれば郵送してもらうこともできるので，事前に問い合わせてみる。また，募集要項等を各都道府県・政令指定都市等教育委員会のホームページからダウンロードできることも多い。募集要項を読むと，受験に際し，様々な資格制限や規定があることがわかる。中でも，次の5点は必ずチェックしておく。

① 年齢制限，受験資格
　自分が受験を考えている都道府県・政令指定都市等教育委員会がどの年齢まで受験が可能なのか確認しておく。全国的に見て，多様な人材を受け入れるという意味で年齢制限のない都道府県・政令指定都市等教育委員会が最も多く，41〜50歳未満を上限としている都道府県・政令指定都市等教育委員会が多い。一部の都道府県・政令指定都市等教育委員会で35〜40歳未満と年齢制限が厳し

い場合もある。

② 募集人員の動向，募集校種・教員免許の種類

募集する校種や教科・科目については，教員の退職者数・児童生徒数推移などに伴って募集人員が変化するので，十分注意する。

文部科学省（2020年度時点）によれば，2021年度の公立学校教員退職者数は最大で，年齢別公立学校の教員数割合をみれば，50歳以上は全教員数の34.5％，40〜49歳は22.9％となり，教員退職者数は2030年度まで減少する。

児童生徒数の推移については，第2次ベビーブーム以来減少し続けている（図5-1）。しかし小学校の学級定員は2021年度から順次35人学級を進め2025年度においては，全学年35人学級を達成する見込みである。

また，図5-2から，2000年度以降採用者数は，増加の傾向にあり，2020年度の採用者数が3万5058人となった。これらを総合的に判断すると，2023年度以降から緩やかに減少するものと考えられる。

競争率（採用倍率）については，採用者数が中長期的に安定している地域では高い採用倍率を維持している一方，採用者数を増やしてきた地域では採用倍率が低下している状況にある。2020年度（2019年度教員採用試験実施）文部科学省

図5-1 学校段階別の在学児童生徒数の推移

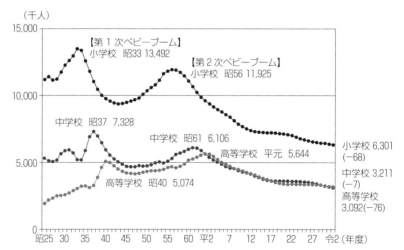

出所：文部科学省資料「令和2年度学校基本調査の公表について」（令和2年12月25日）より作成。

図 5-2　公立小中高の受検者数，採用者数，競争率の推移

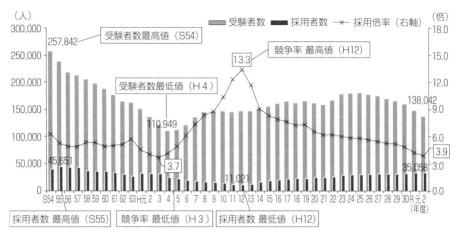

出所：文部科学省資料「令和 2 年度（令和元年度実施）公立学校教員採用選考試験の実施状況のポイント」（令和 3 年 2 月 2 日）より作成。

　調査によれば，小学校において競争率（採用倍率）が過去最高の12.5倍であった2000年度においては採用者数が3683人であるのに対し，2020年度においては採用者数が 1 万6693人と 5 倍近くに増えた結果として，競争率（採用倍率）が2.7倍まで低下している。また，前年度に比べ，競争率（採用倍率）が 2 倍以下の都道府県・政令指定都市等教育委員会が増加している。

　中学校の競争率（採用倍率）は，5.0倍で，前年度の5.7倍から減少している。高等学校の競争率（採用倍率）は，6.1倍で，前年度の6.9倍から減少している。

　2023年度以降について，中長期的にはこうしたトレンドは余り変わらないであろう。

　教員免許については，原則的には志望する校種・教科・科目の教員免許を所有または取得見込みであればよい。ただし，都道府県・政令指定都市等教育委員会によっては，特別支援学校志願者に対して，特別支援学校免許状と希望校種（小・中・高）の普通免許状の両方が必要となる場合もある。また，特定の校種・教科・科目に限って，複数の校種・教科・科目の免許の取得が必要な場合（あるいは○年以内に取得を条件とする場合）がある。

③ 願書の受付期間・方法

願書の受付は，一般的に４月中旬～５月の間の１～２週間に集中する。

提出方法は持参と郵送があるので，確認する。また，郵送と持参では受付期間が異なる場合がある。最近では，インターネットを利用しての願書の申し込みが可能な都道府県・政令指定都市等教育委員会もある。

④ 提出書類

願書（受験票），卒業（修了）証明書または卒業（修了）見込み証明書，成績証明書，教育職員免許状または教育職員免許状取得見込み証明書の他，志願書登録票，面接調査票，健康診断書などが提出書類。自己推薦書（自己アピール文）や課題レポートなどの提出を求める都道府県・政令指定都市等教育委員会も見られる。募集要項に記載されている内容を熟読し，必要なものは早めに取り揃える。

⑤ 特別選考・免除制度

特別な技術・技能や資格を有するとか，あるいは，社会人として働いた経験がある等の場合（アルバイトの経験は除く）は，特別選考・免除制度の項目をチェックする。教員採用試験では，英語や情報技術などの有資格者やスポーツ・芸術などの分野で特に優れた能力・実績を有する者，社会人経験を通じて担当する教科・科目に関する専門的な知識や経験または技能を有し，教員の職務を行うのに必要な熱意と識見を持っている人（特別免許状の対象となる人）には，別枠による特別選考制度や一部試験の免除などの規定が設けられている場合がある。

4 │ スケジュール

教員採用試験は２段階選抜方式で，教員採用試験は，原則として１次試験と２次試験に分けられるが，１次試験のみのところも，また３次試験まで実施するところもある。

① １次試験

１次試験の日程は，概ね７月第１週日曜日から７月末頃にかけて行われ，３～４の都道府県（市）を受験することが可能である。したがって，採用試験合

格のチャンスを多くする，あるいは，第一志望の都道府県・政令指定都市等教育委員会受験のための予行練習という理由から，他の都道府県・政令指定都市等教育委員会の併願も考えられる。1次試験の結果は，7月下旬～8月上旬に発表され，合格者は2次試験受験となる。合格が通知される際には，2次試験を受験するに当たり，提出する書類などが合わせて連絡されるので，試験が行われる前までに準備しておく。

② 2次試験

　2次試験は8月上旬～9月中旬にかけて行われ，その結果は，9月下旬～10月中に発表される。合格（最終合格）すると名簿搭載者として登載される。そして，名簿搭載者の中から，あるいは名簿登載者全員に対して採用内定が出される。採用内定者については，市町村教育委員会や学校長による面談などを行った後，本採用・赴任校が決定する。

5 | 面接試験の種類と方法

1．個人面接

　個人の資質や能力に深く迫る最も重要な面接形態である。合否はこれによって決まると言っても過言ではない。受検者1人に対して，面接官2～3人が一人5分程度で順次，質問が発せられる。面接時間はおよそ15分程度である。面接官は，原則的には，提出書類に基づき，質問が発せられる。個人面接の中で，時間にして1～2分程度の自己アピールの機会が与えられたり，場面指導が入ったりすることが多い。個人面接はほとんどの都道府県において，2次試験として実施されているが，最近では，1次試験，2次試験とともに導入する都道府県が増加している。予め練習をしておくとよいであろう。

面接方法

　① 標準型　いわゆる人事院が開発した面接技法により，訓練された面接官が行う面接法である。そのねらいは，受検者の緊張感を和らげ，普段の状態で観察し評価するもので，受検者に対する評価の客観性を確保するものであり，質問内容や質問順序等については基準化されている。受検者にとっては，比較

的容易に面接準備態勢に入りやすい。

　②圧迫型　面接官が受検者に対して，故意に緊張する情況に導入し，受検者の反応を観察しようとするものである。受検者としては手強いので，日頃からの練習が備えとなる。

　③自由型　面接官と受検者の質問方法等において，規則性がなく，その場の雰囲気に応じて行うものである。受検者としては，容易に面接準備態勢に入れる。

2．集団面接

　5〜10人の受検者を面接官2〜3人が一括し面接を行うものである。個人面接と異なり，教員としての適格性を判断しようとするものである。その方法は，面接官が質問を発することに対して，受検者が予め決められた順序によって，答えるというものが最も一般的である。また，その途中で，面接官が討論となる課題を与えて，受検者間で討論をさせ，教育観，使命感，実践力などを観察しようとする集団討論に入ることがある。また，自己アピールの機会を与えることもある。個人面接と併用しながら，2次試験で行うのが一般的であるが，最近では，筆記試験と併用で1次試験で行う都道府県が増加している。

　受検者は，面接官の質問を的確に捉え，他の受検者の回答に影響されることなく，自分なりの答えを明快に伝えることが必要である。また，集団討論の場合は，身近な教育問題がテーマとして出題されることが多くあり，日頃から，教育問題に関心を持つことが求められる。他の受検者が説明しているときはよく聞き，これと思うときには，しっかりと意見を言うことが大切である。その際，教職教養上の知識や論理性を重視する。

3．模擬授業

　受検者が他の受検者を児童生徒と見立て，教室において，模擬授業を行うものである。授業開始の導入から展開に至るまで，与えられた教科の単元・学級活動の題材について，場合によっては，指導案を作成し，それに基づいて授業を行うものである。これは，専門力や実践力を観察によって評価しようとするものであり，ほとんどの都道府県で実施されている。なお，指導案の作成については，都道府県のおよそ30％が実施している。常日頃から，模擬授業などで，

練習しておくことが大切である。

4．場面指導（ロールプレーイング）

　児童生徒，地域，保護者の様々な場面を設定し，受検者の対応を観察しようとするものであり，実践的な考えや回答が求められる。どんな課題に対しても冷静に実施すればよい。場合によっては，個人面接などで実施されることがある。

6 評価対象

1．教員としての適格性

　受検者に顕れた行動，態度から判断される。
　「適格性を欠く」とは，「簡単に矯正することのできない持続性を有する素質，性格等に基因して職務の円滑な遂行に支障があり，又は支障を生じる高度な蓋然性が認められる場合」と解されるが，その判断は「外部に現れた行動，態度等に徴してこれを判断するしかない」（昭和48.9.14，最高裁判決）と解されている。

2．あるべき教師像としての資質能力

① 情意力
　教職に対する使命感や誇り，子どもに対する愛情や責任感，変化の激しい社会や学校，子どもに適切に対応するため，常に学び続ける向上心。
② 専門力
　「教師は授業で勝負する」といわれるような「教育のプロ」，これは，児童・生徒理解力，生徒指導力，集団指導力，学級づくり力，学習指導・授業づくり力，教材解釈力などから成るもの。
③ 総合的な人間力
　教師個人も人格形成に拘わるものとして，豊かな人間性や社会性，常識と教養，礼儀作法をはじめ対人関係能力，コミュニケーション能力などの人格的資質，同僚性，協調性等。

3．「能力」体系の観点

　上述の１．２．とは別の観点，すなわち，「能力」体系の観点からすると以下のようになる。

　① 基礎能力
　基礎知識，専門知識，業務的技能
　② 精神的能力
　理解力・判断力，企画力・創造力，表現力・折衝力，指導力・管理・統率力
　③ 情意
　意欲，態度的能力
　規律性・協調性，積極性・責任感

7 | 面接への対応

（１）面接（会話）の基本
　自分を理解してもらう。→ 面接官は受検者を見極めたいためにあらゆる方法と手段で質問をしてくる。
（２）相手に好感を与えるそつのない態度
（３）第一印象の大切さ
① 服装，髪形　　② 正しい姿勢　　③ 表情，視線（相手の目を見る）
④ 言葉遣い，話し方，口調，敬語　　⑤ 挨拶，返事
（４）挨拶，返事
① 自分から進んで明るい挨拶
② 話しかけられたら，先ず返事
③ ３大タブー　→ 早口で不明瞭，小さい声，学生言葉（語尾を伸ばす）
（５）話し方
① 分かり易さを心掛ける
② 簡潔にセンテンスを短く語尾まで言い切る
③ 明るい表情，笑顔
（６）聞き方
① 正しい姿勢で，熱意と積極性を示す

② 相づち，うなずきを入れる

③ 質問を最後まで正しく聞く

（7）座り方，立ち方

① 礼，会釈15度，礼30度，最敬礼45度

② 基本的には椅子の左側に立つ

③ 面接官と応答しているときの姿勢と態度が大切

（8）受付から退出まで

① 20分前には会場に着き，掲示等をみて受付を済ます

② 控え室に入り待つ。係員の指示により面接の部屋まで移動

③ 受験番号（名前）が呼ばれる

④ ドアをノックし，「どうぞ」（面接官の声）を聞いてから入室し，「失礼します」
　 と挨拶をして礼をする

⑤ 椅子のところまで進み左側に立ち，受験番号・氏名等をいい，「よろしくお
　 願いします」と挨拶をし，指示があってから座る

⑥ 面接は，受験会場までの交通機関や身近な問題などの質問から始まる。質
　 問…応答

⑦ 終了後，椅子の左側に立ち，「有難うございました」と挨拶をし，礼をして
　 出口まで行って，再び面接官に向かって，「失礼します」と挨拶をして退出
　 する

8 | 対　策

戦略1：汝を知る！

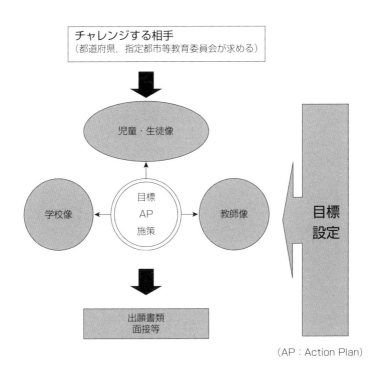

（AP：Action Plan）

　「戦略1：汝を知る！」によりチャレンジする都道府県等の学校教育を知る。
　すなわち，チャレンジする都道府県等教員採用試験に合格をするという目標
を設定する。

　次に問題になるのは，戦略自体の策定となる。
　アンドリュース（K.R. Andrews.1980）のSWOT分析にならって戦略策定をする。

戦略 2 : 己を知る！

1．環境分析のイメージ図

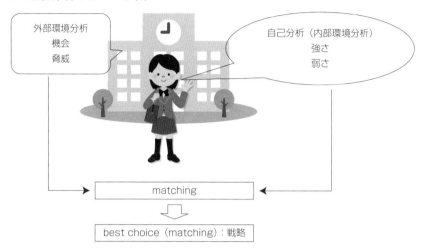

外部環境分析
機会
脅威

自己分析（内部環境分析）
強さ
弱さ

matching

best choice（matching）：戦略

2．SWOT分析

外部環境…目標達成に直接影響を与える環境

例：国・該当委員会の教育政策，教員採用試験の特徴など

内部環境…自己分析

例：小学校～大学までの学習歴，教員採用模擬試験，部活動歴，特技・資格，指導できる部活動，パーソナリティ，長所，短所，生活歴等

SWOT分析

外部環境	機会 (Opportunity)	脅威 (Threat)
内部環境	強み (Strength)	弱み (Weakness)

3．クロス分析による戦略策定

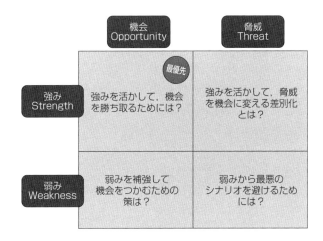

例：学生Aは京都市の小中学校教員志望

外部環境：

 （機会）京都市教育委員会は，情報処理推進機構が実施するITパスポー
    ト試験，基本情報技術者試験，応用情報技術者試験のいずれ
    かに合格していれば，個人面接点を5点加点する。

内部環境：

 （強さ）学生時代からPC等情報処理に興味あり，関係する資格を取得
    しており，学校におけるプログラミング教育・ICT教育に対
    して興味を持つ。

 （弱さ）社会科はどちらかというと弱い。現在，社会科を特に勉強し
    ている。

 戦略のbest choice：京都市教育委員会小中学校教諭枠240名の出願区
    分を受験する。

例：環境分析→教員像，児童生徒像，学校像，志望動機，自己PR文作成，
  面接対策などに活用が可能である。

4. 学生自身による目標管理（MBO: management by objectives）

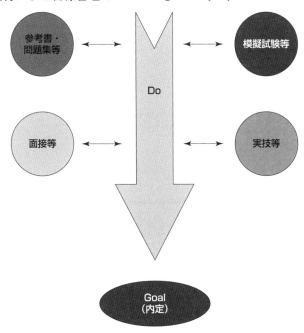

（参考資料）

　文部科学省が，67都道府県・指定都市教育委員会及び大阪府豊能地区教職員人事協議会が実施した2019年度公立学校教員採用選考試験の実施方法について調査結果を公表した（2020年7月）。

○特別の選考の実施状況（／68県市）※カッコ内は前年度の数値。

　※「特別の選考」には，一部試験免除，加点，特別免許状を活用した選考，その他の特別選考を含む。

英語の資格等	：62県市（58県市）	スポーツの技能や実績	：46県市（46県市）
芸術の技能や実績	：22県市（22県市）	国際貢献活動経験	：36県市（36県市）
民間企業等経験	：50県市（50県市）	教職経験	：64県市（62県市）
前年度試験での実績	：45県市（41県市）	複数免許状の所持	：44県市（39県市）

○実技試験の実施状況（／68県市）※カッコ内は前年度の数値。

【小学校】	音楽	：35県市（42県市）	図画工作	：4県市（3県市）
	体育	：45県市（52県市）	外国語	：26県市（26県市）
【中学校】	音楽	：68県市（68県市）	美術	：66県市（66県市）
	保健体育	：67県市（68県市）	英語	：68県市（68県市）
【高等学校】	音楽	：44県市（44県市）	美術	：41県市（39県市）
	保健体育	：55県市（55県市）	英語	：57県市（58県市）

○受験年齢制限　※カッコ内は前年度の数値。

　令和2年度採用選考において，秋田県，茨城県，埼玉県，京都府，兵庫県，鳥取県，徳島県，札幌市，神戸市が新たに緩和を実施

・制限なし	：41県市（33県市）	・51歳～58歳	：1県市（2県市）
・41歳～50歳	：23県市（28県市）	・36歳～40歳	：3県市（5県市）

考　察

1　志望する都道府県等の教員採用試験実施状況を調べよ。

2　志望する都道府県等の教育予算，教育目標，教育施策など特に学校教育に係るものについて調べよ。

3　学生自らのSWOT分析を作成してみよう。

　　まず，内部環境分析として，学生が，性格，体力，小学校から大学までの部活動等，学習・専門領域・研究，特技・資格，キャリア等における強さ・弱さの分析から始める。

　　　次に外部環境分析を行う。志望する都道府県等の小学校教諭，中学校・高等学校の教科国語等の教諭になるという目的を設定し，志望都道府県等の地域特性，教育目標・教育施策，教師塾，教員採用試験に係る教科・募集人数，筆記試験などの加点条件などの情報等について，機会となるものか，脅威となるものかを分析する。

4　学習課題 1 の結果に基づいてクロス分析をしてみよう。

5　そうすれば，目的を達成するための戦略が見えてくる。その戦略を作成せよ。

第 6 章

資質能力向上と教員研修

1 はじめに

　教員の資質向上のためには，待遇の改善だけでなく，養成・採用・研修のそれぞれの段階での施策を講ずることが重要である。

　1978（昭和53）年の中央教育審議会の「教員の資質能力の向上について」の答申において，大学における養成の段階，採用の段階，教員となってからの研修の段階を通じた施策を総合的に推進することを提言している。この間，教員の現職研修は，文部省においては中央研修講座の拡充及び教員海外派遣の拡大等により年々充実するとともに，現職教員の大学院レベルの研修・研鑽の機会を確保のため，1978（昭和53）年から1981（昭和56）年までに兵庫・上越・鳴門の三つの新教育大学が創設した。また，教員組織の活性化を図るため，1974（昭和49）年に教頭職の法制化を行うとともに，1975（昭和50）年には主任制度が創設された。

　1986（昭和61）年になって，臨時教育審議会は，教員養成・免許制度の改善，初任者研修制度の創設など，教員の資質向上のためのかねてからの懸案事項について基本的改革に関する提言を行った。これを受けて，文部省は，教育職員養成審議会の審議・答申により，1988（昭和63）年に教育職員免許法，教育公務員特例法等の改正を経て，1989（平成元）年度から，教員免許制度の改正及び初任者研修制度の創設を行った。

　まず，教員免許制度の改正については，修士課程修了程度を基礎資格とする

専修免許状の新設，**特別免許状**の創設等による社会人の学校教育への活用，免許基準の引上げ等を内容とするものであり，1949（昭和24）年の教育職員免許法制定以来の最も大きな制度改正となった。また，初任者研修制度については，明治以来，試補制度など様々な形で提唱されながら，その身分が不安定であるとして関係者の反対があり，また，大きな財政負担を要することから実現を見なかった。初任者研修制度は，特別な身分による実地研修という考え方を採らず，教諭に採用後1年間を指導教員から実地研修を受けるという現職教育の考え方に立つものであり，教育関係者の長年の念願であった初任者研修制度が実現を見たものである。

　今日の教育課題は，質の高い授業や円滑な学級経営等といった従来型のもののみならず，新しい教育課程に対応して，児童生徒の「生きる力」を涵養することはもとより，国際理解，情報，環境等の横断的，総合的な課題についての指導，いじめ，不登校，いわゆる学級崩壊への対応など，極めて多様である。こうした学校教育をめぐる状況に的確に対応するためには，職務を通じて培った課題意識等を持つ現職教員が，国内外の大学院等において専門的な学修を積み，専修免許状を取得することを通じて，それぞれの分野において，専門性を発揮することは学校教育において極めて有効である。このようなことから，意欲ある現職教員が，専修免許状を取得することを目的として，教員としての身分を保有しながら，国内外の大学院等において，長期にわたり修学できるよう，2000（平成12）年，**大学院修学休業制度**が創設された。

　学校教育の成否は，直接の担い手である教員の資質能力に負うところが大きく，教育改革を推進するに当たり，その向上は重要な課題である。こうした中で，2002（平成14）年2月の中央教育審議会答申「今後の教員免許制度の在り方について」の提言を踏まえ，2002（平成14）年，教諭等としての在職期間が10年に達したものに対する**10年経験者研修制度**が創設された。

　2003（平成15）年度に，科学技術の進展や社会・経済のグローバル化を背景として，社会的・国際的に活躍できる高度専門職業人養成へのニーズの高まりに対応するため，高度専門職業人の養成に目的を特化した課程ともつ**専門職大学院**が創設された。

　2006（平成18）年7月の中央教育審議会「今後の教員養成・免許制度の在り方について」（答申）において，教員養成に特化した専門職大学院として教職大

学院を提言した。同答申においてその目的・機能は「学部段階で教員としての基礎的・基本的な資質能力を修得した者の中から，さらにより実践的な指導力・展開力を備え，新しい学校づくりの有力な一員となり得る新人教員の養成」と「一定の教職経験を有する現職教員を対象に，地域や学校における指導的役割を果たし得る教員として，不可欠な確かな指導理論と優れた実践力・応用力を備えたスクールリーダー（中核的中堅教員）養成」としている。専門職大学院制度創設時から法科大学院やビジネス・スクールなどの分野で開設が進んでいたが，2008（平成20）年度には，実践的指導能力を備えた教員を養成する**教職大学院**が開設された。

　2007（平成19）年1月の教育再生会議第一次報告「社会総がかりで教育再生を〜公教育再生の第一歩〜」において教員免許更新制の導入が提言され，2007（平成19）年の教育職員免許法の改正を経て，2009（平成21）年4月から**教員免許更新制**が導入された。その目的は，教員として必要な資質能力が保持されるよう，10年ごとに更新講習を通じて最新の知識技能を身に付けることで，教員が自信と誇りを持って教壇に立ち，社会の尊敬と信頼を得ることとしている。

　2015（平成27）年12月の中央教育審議会「これからの学校教育を担う教員の資質能力の向上について〜学び合い，高め合う教員育成コミュニティの構築に向けて〜」（答申）において，その検討の背景として，教育課程・授業方法の改革すなわち**アクティブ・ラーニング**の視点からの授業改善や教科等を越えた**カリキュラム・マネジメント**への対応，英語，道徳，ICT，特別支援教育等，新たな課題への対応及び**チーム学校**の実現であるとし，又，社会環境の急速な変化，学校を取り巻く環境変化すなわち大量退職・大量採用による年齢，経験年数の不均衡による弊害及び学校教育課題の多様化・複雑化であるとする。そして教員研修については，「国，都道府県，市町村，学校等研修の実施主体が大学等を含めた関係機関との有機的連携を図りながら，教員のキャリアステージに応じ，教員のニーズも踏まえた研修を効果的・効率的に行う必要がある」，「法定研修である初任者研修，10年経験者研修については，実施状況や教育委員会・学校現場のニーズを把握し，制度や運用の見直しを図ることが必要である」などの提言を行った。これを受けて2016（平成28）年に教育公務員の一部改正が行われ，2017（平成29）年4月より，文部科学省に対しては，校長及び教員としての資質の向上に関する指標の策定に関する指針策定の義務化（教育公務員特

例法第22条の2），任命権者に対しては，関係大学等とで構成する協議会（いわゆる教員育成協議会）を組織し，校長・教員の職責，経験及び適性に応じてその資質の向上を図るための必要な指標の策定とともに教員研修計画を策定の義務化が課せられた（教育公務員特例法第22条の3～第22条の5）。また，十年経験者研修を**中堅教諭等資質向上研修**に改め，実施時期の弾力化を図るとともに，中堅教諭等としての職務を遂行する上で必要とされる資質の向上を図るための研修とすることとなった（教育公務員特例法第24条）。

2 教員研修の特殊性

1．研修の意義

　研修とは「研究と人格の修養」を意味し，職員が知識・技能を習得し，人格的要素を研鑽することにより，公務の運営を適正かつ能率的に遂行する能力を養うことである。

2．教員研修の特殊性

（1）地方公務員の研修

　地方公共団体は，民主的且つ能率的な行政運営を求められており，公務能率の向上は人的要素に負うところが大きいため，地方公務員法では職員の能力開発としての研修について規定している。

　地方公務員については，勤務能率の発揮及び増進の手段として研修が考えられ，研修を実施すべき義務は任命権者にあり，職員自身には研修すべき義務は明定されていない。また，人事委員会は，研修に関する計画の立案その他研修の方法について任命権者に勧告することができるとされている（地方公務員法第39条）。

（2）教育公務員の研修

　教育の本質は教員と児童生徒の人格的な触れ合いであり，単なる知識・技術の伝達にとどまらないものであることから公教育の担い手である教育公務員には，絶えず研究と人格の修養に努めることが求められており，この意味から一

般の公務員と比べて研修の必要性が高いと言うことができる。このような趣旨から，一般の公務員に比して特例が設けられている（教育公務員特例法第21条，第22条）。

第21条　教育公務員は，その職責を遂行するために，絶えず研究と修養に努めなければならない。

　　2　教育公務員の任命権者は，教育公務員の研修について，それに要する施設，研修を奨励するための方途その他研修に関する計画を樹立し，その実施に努めなければならない。

第22条　教育公務員には，研修を受ける機会が与えられなければならない。

　　2　教員は，授業に支障のない限り，本属長の承認を受けて，勤務場所を離れて研修を行うことができる。

　　3　教育公務員は，任免権者の定めるところにより，現職のままで，長期にたる研修を受けることができる。

　教育公務員特例法第21条第1項の規定では，**教育公務員自身に研修義務**が直接課せられている点で，一般公務員と異なる。次に，**教育公務員の研修は，職責遂行**のために行うものであって，研修を行わずに職責を遂行できないと考えられているのであり，この点，研修が勤務能率の発揮及び増進の手段として考えられる一般の地方公務員の場合と異なる。

　さらに，同条第2項では，その任命権者に対しては，より積極的にそれに要する施設，研修を奨励するための方途その他研修に関する計画の樹立とその実施についても触れている。それに要する施設として，教育研修センター等の研修施設，理科教育や特別支援教育の研修施設，図書館，博物館等がある。研修の方途としては，研究発表会，授業参観，各講習会，研究会の開催や出席勧誘等である。

　教育公務員特例法第22条の第1項においては，一般の地方公務員と比べて教育公務員の**研修機会の積極的な付与**を規定している。さらに教育公務員が自ら研修を行う場合，同条第2項のような職専免研修が認められている。

　同条第3項では，教育公務員は任命権者の定めるところにより，現職のままで，長期にわたる研修を受けることができるとされている。具体的には，大学院等への進学や内地留学，海外留学，長期にわたる研修等への参加などで

ある。なお，教育大学等の大学院への派遣については，市町村教委の出張命令
として研修が実施されている。

（3）研修権の問題

　「教師の教育権」，「教育の自由」という考えに基づき，一般の公務員と異な
り教師には教育権があり，「研修の自由」が保障されている。その根拠は教育
公務員特例法第21条第1項，第22条第1項であるとして，したがって，教師の
研修を行政庁が職務命令によって強制できないとの主張がある。

　教師に教育権，教育の自由があるとの主張については，永山中学校事件（学
力調査事件）最高裁判決（昭51.5.21）において否定されている。教育公務員特例
法第21条第1項では，教育公務員の積極的な研修義務について，同法第22条第
1項では，研修機会の付与についてそれぞれ規定しているものであって，公教
育という職務遂行との関連性を強くとらえて，それを一般公務員とは異なる角
度，すなわち教員個人の自主性・能動性に期待する観点から規定したものであ
り，それ以上に研修権というような特別の権利を付与したものでないと解され
ている。

（4）校外研修権（いわゆる「自宅研修」をも含む）の問題

　教育公務員特例法第22条第2項の規定は，「教師の校外研修権」を認めたも
のであり，校長が授業に支障のない限りその研修を承認しなければならないと
の主張がある。

　この規定は，教育公務員の職務の特殊性にかんがみ自発的な研修についても，
本来職務専念義務が課せられている勤務時間中に行うことができるよう校長の
裁量により職務専念義務を免除して便宜を図ろうという趣旨のものであって，
それ以上に校外研修権という権利を付与したものではない。したがって，授業
に支障のない限りすべて承認しなければならないというものではなく，この判
断は校長の自由裁量に属するものであると解されている。

3．研修の種類と体系

　2017（平成29）年4月より，国が設定した資質向上指針に基づき，教育委員
会と教員の資質能力向上に関連する大学が教員育成協議会を設置して教員育成

の指標を設定し，教育委員会はこの指標に基づき研修計画を立てている。この意図は理解できるが，教員の同質化が一層進み，個性化が後退することも考えられる。

（1）ライフステージに応じて求められる資質能力

　教員については，日々の職務及び研修を通じてその資質能力が育成されていくものであり，また，各ライフステージに応じて学校において担うべき役割が異なることから，各段階に応じた資質能力を備えることが必要となる。

① 初任者段階

　大学の教職課程で取得した基礎的，理論的内容と実践的指導力の基礎等を前提として，採用当初から教科指導，生徒指導等を著しい支障が生じることなく実践できる資質能力が必要であり，さらに，教科指導，生徒指導，学級経営等，教職一般について一通りの職務遂行能力が必要である（教養審「養成と採用・研修との連携の円滑化について」第3次答申，平成11年12月）。

　初任者研修は，法定研修として位置づけ（教育公務員特例法第23条），1989（平成元）年度から学校種毎に段階的に実施され，1992（平成4）年度からは，小学校・中学校・高等学校・特殊教育諸学校（特別支援学校）の全校種の新任教員を対象に実施されている。実施主体は，都道府県，指定都市，中核市教育委員会である。
　初任者研修において，初任者は，学級や教科・科目を担当しながら，校内において指導教員を中心とする指導・助言の下に，教員に必要な素養等に関すること，初任者の授業観察，授業を初任者に見せることなどの研修を受けるとともに，校外において年間25日程度，教育センター等での講義・演習，企業・福祉施設等での体験，社会奉仕体験や自然体験に関わる研修，青少年教育施設等での宿泊研修等を通じてベテラン教員や指導主事から，教科指導や生徒指導など，教諭の職務の遂行に必要な知識や技能を学ぶため研修を受ける。2005（平成17）年度から，初任者研修として校内に於ける「**拠点校方式**」による研修が，特に小学校・中学校・特別支援学校を中心に全面実施されている（図6-1）。しかし，昨今は，同一学校内で一人の中堅教員或いは，ベテラン教員のメンター（mentor）が一人又は複数の初任者，若手教員等を指導するだけでなく，複数のメンターと初任者を含む複数の若手教員が**研修チーム**を組織し，研修を実施す

る「メンター方式」方法など，初任者研修の弾力的な運用が求められてる（2015
（平成27）年12月の中央教育審議会「これからの学校教育を担う教員の資質能力の向上につ
いて～学び合い，高め合う教員育成コミュニティの構築に向けて～」答申）。

図6-1　初任者研修の拠点校方式

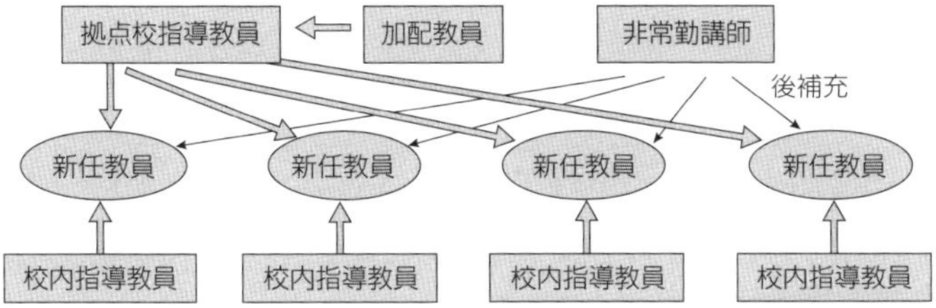

出所：文部科学省資料「2　初任者研修」より作成。

図6-2　初任者研修のメンター方式

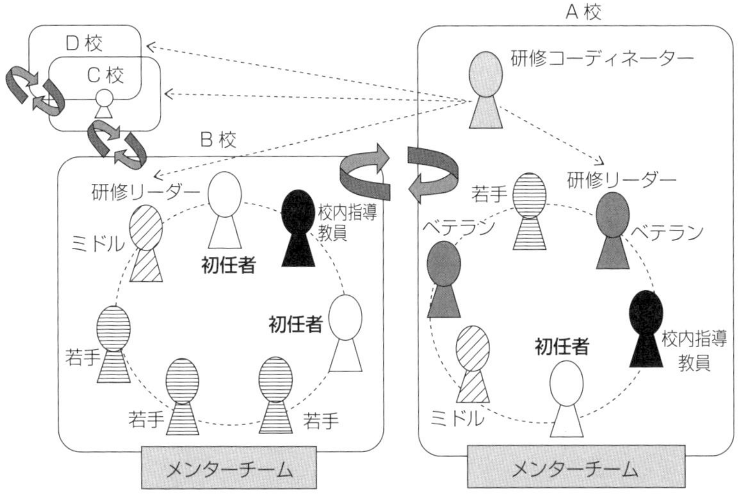

主に若手で構成されるチームの例　　　若手～ベテランで構成されるチームの例

出所：文部科学省資料「初任者研修の弾力的実施について」（平成30年6月5日）より作成。

② 中堅教員段階

　学級担任，教科担任として相当の経験を積んだ時期であるが，特に，学級・

96

学年運営，教科指導，生徒指導等の在り方に関して広い視野に立った力量の向上が必要である。また，学校において，主任等学校運営上重要な役割を担ったり，若手教員への助言・援助など指導的役割が期待されることから，より一層職務に関する専門知識や幅広い教養を身に付けるとともに，学校運営に積極的に参加していくことができるよう企画立案，事務処理等の資質能力が必要である。

養護教諭については，保健室経営の在り方，学校保健の推進等に関して広い視野に立った力量の向上が必要である（教養審「養成と採用・研修との連携の円滑化について」第3次答申，平成11年12月）。

初任者研修後，5年，10年或いは20年等といった教職経験に応じた研修（教職経験者研修）も整備されている。5年経験者研修は全ての都道府県・指定都市で実施されており，多くのところでは，これに10年，20年等の教職経験者研修を加えて実施している。中心的な内容は，5年経験者研修が教科指導のウエイトが高いのに対して，中堅層である10年・15年経験者研修では生徒指導・教育相談が，管理職に近い20年研修では学校経営が重視されている。2002（平成14）年の教育公務員特例法の改正により，10年経験者研修制度が創設された。これにより2003（平成15）年度から，都道府県・指定都市教育委員会等において，教諭等としての在職期間が10年に達したものに対して，ここの能力，適性等に応じた教諭等としての資質の向上を図るために必要な事項に関する研修を実施した。2017（平成29）年4月1日以降，10年経験者研修制度は中堅教諭等資質

表6-1　2019（令和元）年度　中堅教諭等資質向上研修の対象経験年数別実施率

	小学校	中学校	高等学校	特別支援学校	幼稚園	幼保連携型認定こども園
8年目	21教委 (16.8%)	21教委 (16.8%)	10教委 (13.9%)	12教委 (18.5%)	13教委 (27.1%)	6自治体 (18.8%)
9年目	31 (24.8%)	31 (24.8%)	18 (25.0%)	16 (24.6%)	14 (29.2%)	7 (21.9%)
10年目	52 (41.6%)	53 (42.4%)	32 (44.4%)	26 (40.0%)	21 (43.8%)	10 (31.3%)
11年目	78 (62.4%)	78 (62.4%)	45 (62.5%)	40 (61.5%)	29 (60.4%)	22 (68.8%)
12年目	18 (14.4%)	20 (16.0%)	9 (12.5%)	8 (12.3%)	11 (22.9%)	7 (21.9%)

出所：文部科学省資料「中堅教諭等資質向上研修実施状況（令和元年度）調査結果について」より作成。

向上研修となり，教育活動や円滑かつ効果的な学校運営において中核的な役割を果たすことが期待される中堅教諭等の職務遂行上必要とされる資質の向上を図るためのものとなった。表6-1をみると，研修対象経験年数は，11年目がおよそ60％台の実施率であり，10年目は，およそ40％台となっいる。10年目の経験年数を対象としている中堅教諭等資質向上研修を実施している教育委員会には，教育職員免許更新講習と相互認定を実施しているところがあり，全教育委員会の17.6％（北海道，大阪府，福岡市，金沢市市など22教育委員会）が相互認定を導入している。

③ 管理職の段階

　地域や子どもの状況を踏まえた創意工夫を凝らした教育活動を展開するため，教育に関する理念や識見を有し，地域や学校の状況・課題を的確に把握しながら，学校の目標を提示し，その目標達成に向けて教職員の意欲を引き出すなどのリーダーシップを発揮するとともに，関係機関等との連携・折衝を適切に行い，組織的，機動的な学校運営を行うことのできる資質を備え，また，学校運営全体を視野に入れた総合的な事務処理を推進するマネジメント能力等の資質能力が必要である（教養審「養成と採用・研修との連携の円滑化について」第3次答申，平成11年12月）。

　最近の管理職研修は，従来から実施されていた人事管理を主とする学校管理講座から，組織マネジメントを主とする学校経営講座へと移っている。

（2）　種類と体系（図6-3）

種類

① 基本研修

ア　教職経験に応じた研修―初任者研修，教職経験者研修（5年・20年）

イ　職能に応じた研修―校長・副校長・教頭研修・教務主任研修・生徒指導主事研修等

② 専門研修

ア　教科等に関する研修―国語・数学等の各教科等に関する研修

イ　教育課題に関する研修―情報教育・国際理解教育・生徒指導等の課題に関する研修

③ その他

ア　長期派遣研修―教育センター・教育大学等に長期間派遣される研修

イ　校内研修―校内において行われる研修

ウ　自主研修―教員個人，団体，グループが自主的に行う研修

　実施主体

① 文部科学大臣が主催する研修

ア　学校経営力育成研修

　次世代リーダー育成研修，中堅教員研修，副校長・教頭等研修，校長研修

イ　研修指導者養成等を目的とする研修

　学校マネジメントの推進，生徒指導，グローバル化に対応する研修

ウ　全教職員対象の研修

　教育課程研修会

② 都道府県教育委員会（任命権者）が主催する研修

ア　教育センターなどで実施するもの

・教職経験に応じた研修

　　初任者研修，教職経験者研修（5年・20年）

・職能に応じた研修

　　校長・副校長・教頭研修，教務主任研修，生徒指導主事研修等

・専門研修

　　教科等に関する研修

　　国語・数学等の各教科等に関する研修

・教育課題に関する研修

　　情報教育・国際理解教育・生徒指導等の課題に関する研修

イ　長期派遣（大学・民間企業等の派遣）

③ 市町村教育委員会（服務監督権者）が主催する研修

④ 教育センター（教育機関）が主催する研修

⑤ 大学等の教育機関や各種教育団体が主催する研修

⑥ 自発的な自己研修

　法定研修

① 初任者研修の実施義務（教育公務員特例法第23条）

② 中堅教諭等資質向上研修の実施義務（教育公務員特例法第24条）

図 6-3 ライフステージと研修

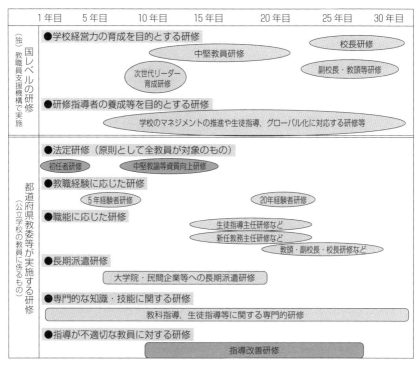

出所：文部科学省資料「教員研修の実施体系」より作成。

3 研修に係る服務

教育公務員については以上のように研修を受ける機会が付与されなければならないが，その際の服務上の取扱いは，職務命令による研修，職務専念義務の免除による研修，勤務時間外の自主研修に大別される。

1．職務命令による研修

職務そのものとして研修行う場合であり，研修に従事することが，職務遂行

そのものである場合で，服務監督権者の職務命令（いわゆる研修命令）により行われる。

研修内容が，教員の職務と密接な関連があり，職務遂行上も有益であって職務と同等の内容のものと評価できるかを判断し，更に，学校運営上への支障の有無を配慮した上で裁量により研修を命じることになる。

（判例）職務命令による研修の合法性について

教育公務員の研修について職務命令をもって強制することは違法であるとの主張は，行政権は教育の内的事項について一切干渉できないの前提にたつもので採用できない。研修そのものは勤務条件ではなく，交渉事項にはならず，研修会の妨害は職員団体のための正当な行為に該当しない。（平成4.3.30.福岡高裁）

2．職務専念義務の免除による研修

教育公務員特例法第22条第2項では，教育公務員のうち校長を除く教員については，授業に支障のない限り，本属長の承認を受けた上で勤務場所を離れて研修ができると規定されている。

地方公務員の場合には，出張等職務を行う場合を除いては，勤務時間中みだりに職場を離れることは許さないとされている。したがって，職務命令による研修以外の研修を勤務時間内に受けようとする場合には，「職務に専念する義務の特例に関する条例」（専免条例）が定められており，通常は「研修を受ける場合」には職務専念義務が免除できることになっている。

これに対して教員の場合には，教育公務員特例法第22条第2項が地方公務員法第35条にいう法律の特別の定めに該当するので，自ら行う研修であっても本属長（学校の場合校長）の承認があれば条例の適用をまつまでもなく，職務専念義務が免除される。

この場合，校長は，

① 授業等に支障がないかどうか，

授業に支障がある場合に職専免研修を承認することができないとして校長の承認権を拘束したものであって，授業に支障がない場合であっても校長は公務運営上の支障等諸般の事情を総合的に勘案して裁量により承認を行うかどうか

を決めるべきものである。

（判例）札幌高裁判決（昭52. 2. 10）

　校長が職専免研修の承認をするに当たっては，授業以外の生活指導，学校運営上の校務分担等校務運営上の支障，更には研修の態様，場所等，教育公務員としての身分に伴う参加の相当性等諸般の事情についても考慮して判断すべきである。

　② 研修の内容が職務に関連し有益適切なものであるか等を総合的に判断して決定することになる。

　校長・事務職員等については，教育公務員特例法第22条第2項が適用されず，「専免条例」で処理されることになる。

3．勤務時間外の自主研修

　勤務時間外の自主研修については，なんら服務上の問題は生じない。そのことについては，教育公務員特例法第21条第1項においても，勤務時間の内外を問わず教育公務員は絶えず研修に努めるべきであるとされており，勤務時間外においても自主的研修が期待されている。

4．その他職員団体主催の教研集会の服務の取扱い

　職員団体（いわゆる教職員組合）主催の教研集会に参加するのも研修の一環であるので，職専免の取扱いとすべきであるという主張がみられるが，職員団体主催の教研集会は組合活動の一環として行われているものであり，その集会に参加することは職員団体の活動としての研究集会の成立及び運営の関与していることになる。したがって，教育公務員特例法第22条第2項の職専免は給与条例上有給の取扱いとなるもので，それを承認することは，有給で職員団体のための活動を行うことを認めることとなり，給与を受けながら職員団体のために活動することを禁じた地方公務員法第55条の2第6項の規定に違反することとなる。したがって，教研集会への参加を職専免研修として承認することはできない。参加する場合には年休により処理することとなる。

（参考資料）大阪市の研修体系

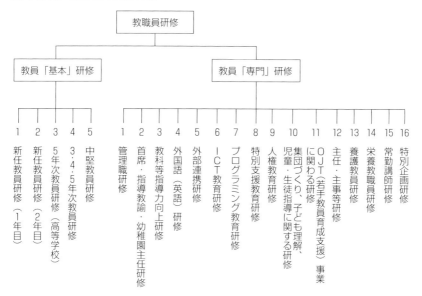

出所：大阪市教育委員会，大阪市教育センター「令和3年度教職員研修計画」2頁より引用。

考 察

1 教員の研修と地方公務員の研修の違いについて説明せよ。

2 教員の自宅研修の申出に対して，所属長としての校長は，どのように対応するべきなのか，説明せよ。

3 教組主催の教研集会への参加に係る服務上の取扱いについて，説明せよ。

4 初任者研修制度と10年経験者研修制度について，説明せよ。

第 7 章

学校の組織

1 はじめに

　学校は，教育委員会組織図の教育機関の一つとして位置付けられている。この章における学校の組織は，教育委員会組織図の教育機関の一つとしての学校ではなく，学校の人的要素である教職員等を構成員とする学校の内部組織を対象とするものである。

　教職員組織は，校長が校務を掌理しやすいように分掌を定め分掌部などに主任を置く階層組織の**校務分掌組織**がある。また，児童生徒の学級編制・講座編制などに対応した教員の教授組織（教科等担当組織）があり，児童生徒側からみれば，学習集団を基盤とする学級編制・講座編制であるので学習組織とも言うことが出来る。

　この章においては，学校の教育目標達成するための遂行組織として，教職員組織である校務分掌組織が各学校において編制され，その組織に存在する主任制度，新たな職として設置された主幹教諭及び指導教諭等の学校組織を取り上げる。

　また，2015（平成27）年1月21日，中央教育審議会の答申「チームとしての学校のあり方と今後の改善方策について」においては，グローバル化や情報化が急速な進展と，激変する社会の中で，複雑化・困難化した課題に対して的確に対応するため，他の多くの組織では，組織外の人材や資源を活用しつつ，組織の力を高める取組が進んでいるとし，学校においても，子供を取り巻く状況

変化や複雑化・困難化した課題に向き合うため，教職員に加え，多様な背景を有する人材が各々の専門性に応じて，学校運営に参画することにより，学校の教育力・組織力をより効果的に高めていくことがこれからの時代には不可欠であるとして，「**チームとしての学校**」が提言された。

　この章の第4節において，「チームとしての学校」を取り扱うことにする。

2 │ 組　織

　企業，国，自治体，病院，学校も組織であり，人は組織の中にいる。人と人の相互関係から目標の達成に繋がる機能を持つとき，組織が発生する。

1．組織の定義

　組織とは，「2人或いはそれ以上の人々の意識的に調整された活動又は諸力の体系である。」と定義されている（バーナード（C.I.Barnard）「経営者の役割」1938）。

　すなわち，企業，大学，政府といった多様な協働体系に共通する側面に公式組織の特質を見いだして，個人の集合体でなく個々人の活動や諸力の体系（システム）とした。

組織の成立条件は，

① 共通の目的
② 協働的意思（貢献的意欲）
③ コミュニケーション

の3条件が必要となる。

換言すると

組織とは，一定の目的を達成するために，二

図7-1　組織の成立条件

人以上の人々が意図的に構成され，調整された活動のシステムである。

2．組織の定義の含意

　組織の定義の含意は，以下の3点が考えられる。

1．組織は目的や目標を持つ。

　企業，自治体，病院，学校等の組織は社会的に存在する機関であり，当然ながら，組織の外部環境として，社会，地域，個人のニーズを満たすために存在する。したがって，その組織が外部環境に対して何をなすべきか，つまり，組織の使命（ミッションmission）が重要となる。

2．マネジメント（management）とは，目標を設定し，それに係わる人々を配置し，動機付け（モチベーション）を行い，コミュニケーションを図っていく活動である。

　「意識的に調整される」は，目的に向かって人々の力を結集するための調整である。この調整こそマネジメントのプロセスを意味している。即ち，目標を設定し，それに係わる人々を配置し，動機付けを行い，コミュニケーションを図っていく活動，これがマネジメントなのである。「個人が単独ではできない目標を達成するために，他の一人ないしそれ以上の人々の活動を調整しその人々のとる活動である」または，「目標に向かって有効的効率的に働くために，資源を統合し調整することである」と定義されるような活動である。つまり，「**他人を通じて仕事を完遂すること**」や「**資源の有効活用にかかわる活動**」といわれるものである。

3．組織は人々の活動のシステムである。

　目標達成の意思決定を行い，モチベーションを高め，生じるコンフリクト（conflict，葛藤，対立）を乗り越えるのが組織であり，組織の機能を発揮させる機関が**組織マネジメント**である。また，システムとは多数の要素（サブシステム）から構成されていて，各要素間においては，秩序ある有機的な関係を維持し，全体として目的を達成する機能または系（組織体，体系）である。

　例えば，人間の身体はおよそ60兆個の細胞から構成されている。同じ種類の細胞（サブシステム）が集合して上皮組織，神経組織，筋組織等の組織を構成する。さらに，その上皮組織（サブシステム），神経組織（サブシステム）などの組織が一定の配列のもとに組み合わされて，胃，心臓や小腸など一つの機能を有する器官を構成する。その幾つかの器官が集まって，ある目的のために協調して働く消化器系などの器官系を構成する。これらの器官系（サブシステム）が，秩序ある有機的な関係を維持し，全体として人間の生命現象を営むことができる。

　この例は，多数の要素が全体として，ある目的を達成する機能を持つ組織体（システム）となることを示している。つまり，およそ60兆の細胞→上皮組織など→胃などの器官→消化器系などの器官系→人間の生命維持　となる。

　学校の組織の場合，各分掌部，各種委員会などが要素（サブシステム）であり，全体として児童生徒などに対して教育機能を発揮している。

（例）組織と集団

　京都四条河原町でたむろする若い男女の集団がみられる。その集団は，10人ぐらいの男女からなり，コンパの一次会が終わり店から出たばかりでお互いにばらばらである。しばらくして，集団の一人が，「二次会はカラオケ行こう。」と言い出した。皆が同意した。すると，幹事（まとめ役），カラオケ店探し，予算等担当の会計，滞在時間決定のために終電車時刻の検索などそれぞれが役割分担を行う。このようにして，カラオケ店へ行くことになる。

　この例では，目的は「カラオケ店へ行く」ことであり，男女のメンバー全員が賛同したことによりメンバーの協働的意思がみられ，目的の設定・達成に必要なコミュニケーションが存在した。さらに役割分担もなされた。こうして単なる集団から組織に変化する。

3．組織行動と組織構造

　目的，目標を達成しようとする組織内の人々の行動つまり個人ないしは集団の行動を考察対象とするものが組織行動である。したがって，この行動の内容は，意思決定，リーダーシップ，統合・調整，コミュニケーション，コンフリクト（conflict）の解決などの考察対象となる。

　目標達成のためには，枠組みが必要であり，この枠組みが，行動を統一し，目標達成に繋がる。組織構造は，組織行動の枠組みである。一般的には，たて（階層性）の分業とよこ（職能）の分業がある。組織構造の場合，職務の専門化，指揮命令系統，集権化と分権化などが考察対象となる。

　組織を考察対象とするとき，組織行動と組織構造を対象としなければならない。

3 学校の組織

　学校の人的要素である教職員等を構成員とする学校の内部組織のことである。その中でも，学校の教育目標を達成する執行組織として主要な教職員組織は，校務分掌組織である。

　児童・生徒の学習者の組織として，学習集団を基盤とする組織，即ち，学級編制や講座編制などの教育方法や指導形態に係わる学習組織が存在する。この学習組織に対応する教職員の教科等担当者組織，即ち，教授組織が存在するが，これも校務分掌である。

1．校務分掌組織

　校長は，校務分掌組織を定め，これによって個々の教職員に校務を分掌する。この場合，校務分掌の希望調整などの如何に関わらず，教諭に対して，校務の分担（校務分掌）を職務命令として命じることになる。また，学校職員として配置された教職員は，当該学校で処理しなければならない仕事（校務）を分担すべき立場に置かれ，いかなる仕事を処理しなければならないかは校長等職務上の上司の命ずるところにより具体的に決まる。したがって，教諭についていえば，授業の実施，学習指導や生徒指導等，児童生徒の教育に直接携わるほか，教務部，施設設備の管理その他校務運営上必要な業務を処理すべきことを命じられた場合には，職務上の義務として当該職務に従事する義務を負うものである。

（行政実例）　学校に配置された教員は，学校の所属職員として校長の監督の下に校務を分担すべき地位にあるものであり，「教諭は児童の教育をつかさどる。」という規定も，教員のこの地位を否定するものとは解せられないから，校務処理上の必要性に基づき発せられた命令には，職務上の命令として，それに服する義務を教員は負うものであると解せられる。…ここに校務というのは，施設物品の管理も含めて広く学校の管理一般にわたるものであるから，学校の管理運営上必要がある場合には教員に対して日直，宿直を命令することができるものと解せられる（1952「昭和27」年11月，文部省初等中等教育局長回答「教職員の当直と学校管理上の疑義について」）。

（1）学校の組織とその役割

学校の教育目標は，実際に教育活動を担う一人一人の教職員によって実現される。複数の教職員が集まって活動を行う学校で，調和のとれた学校運営がなされ，それぞれの活動が教育効果を上げるには，教育目標の実現に向かって組織として効果的に機能することが必要である。そのために，各学校には，実態に合わせて，校務分掌が設けられている。

> （学校教育法施行規則第43条他）
> 第43条　小学校においては，調和のとれた学校運営が行われるためにふさわしい校務分掌の仕組みを整えるものとする。

中学校，義務教育学校，高等学校，中等教育学校についても同様に適用される。

（2）校務の内容

校長が校務をつかさどる「校務」とは，学校の行うべき仕事全体（業務）をいう。

- ・学校教育の内容に関すること。
- ・児童生徒に関すること。
- ・教職員に関すること。
- ・学校の施設・設備（教材教具等を含む）の保全管理に関すること。
- ・その他学校の運営に関すること。

（3）その他の内部組織

学校においては互助会組織及び共済組合が存在するが，いずれも教職員の福利厚生に係るものである。校長は，労働基準法上の使用者に当たるとされるから，それら制度の活用も含め，教職員の福利厚生の充実に努めなければならない。また，地方公務員法上の職員団体には当たらないが，職員団体の学校単位組織として各学校には分会が存在する。分会が，職員の給与，勤務時間その他の勤務条件に関し，及びこれに附帯して，社交的又は厚生的活動を含む適法な活動に係る事項に関し，交渉の申し出があった場合，校長は，勤務時間外に分会と事実上の話合いを持つことになる。

　分会は「組合員の経済的・社会的・政治的地位の向上をはかり民主的教育の建設に務め併せて高校教育および障害児教育の拡充強化に努力する（京都府立高等学校教職員組合規約）」とその目的を記している。

2.-1 主任制度

　従来から各学校において，学校運営の複雑化に応じ，また，地域や学校の実態に応じて各種の主任が設置されていたが，これらの主任のうち，特に，全国的に共通した基本的なものについては，その職務の重要性を考慮し，その設置根拠と職務内容を学校の設置基準として明確にし，学校運営が更に適正に進められ，学校の教育活動が一層活発になることを期して，1975（昭和50）年12月26日に学校教育法施行規則の改正が行われ，翌年3月1日から実施された。

(1) 職務等

① 主任等の職務は，**校長の監督**を受け，それぞれの職務に係る事項について，**連絡調整**及び**指導，助言**に当たる。
　　主任の命課は，校務分掌と同様，校長による職務命令として行われる（**校務分掌命令**）。
② 主任等の性格は，中間管理職ではないが，校長，教頭の職務命令を関係職員に伝達し，必要な調整等を行うことができる。
③ 職務のうち，連絡調整は，学校経営上の位置づけであり，リーダーシップを発揮することが期待される。指導助言は教育専門家としての位置づけであり，教育実践の観点から教育の専門家としての職責を果たすことが求められている。
④ 主任については，学校教育法施行規則第44条他に規定されている。学校教育法施行規則に設置が明示されている主任を省令主任という。

(2) 小学校の主任

① **教務主任**及び**学年主任**を置くものとする（第44条第1項）。
② 教務主任は，校長の監督を受け，教育計画の立案その他の教務に関する事項について連絡調整及び指導，助言に当たる（第44条第4項）。また，学年主任は，校長の監督を受け，当該学年の教育活動に関する事項について連絡

校務分掌組織表

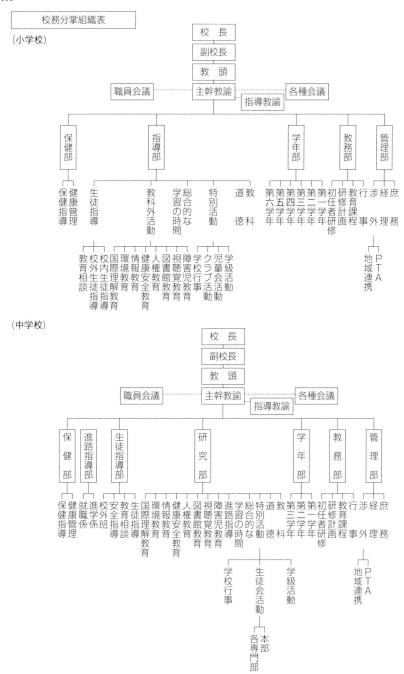

（小学校）

（中学校）

（高等学校）

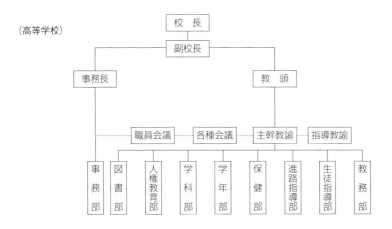

（特別支援学校）

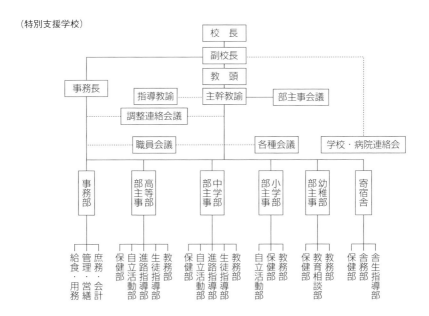

※「各部（小・中・高）に学年部を置く学校がある。」

調整及び指導，助言に当たる（第44条第5項）。

③ 教務主任の担当する校務を整理する主幹教諭を置くときその他特別の事情のあるときは教務主任を，学年主任の担当する校務を整理する主幹教諭を置くときその他特別の事情のあるときは学年主任を，それぞれ置かないことができる（第44条第2項）。

　しかし，全国的に見て，主幹教諭の複数配置は進まず，主幹教諭と教務主任などとの兼務もあまり見られず，むしろ，副校長・教頭の補佐機関のような位置づけをしている。

④ 教務主任及び学年主任は，指導教諭又は教諭を，これに充てる（第44条第3項）。

⑤ **保健主事**を置くものとする（第45条第1項）。保健主事の担当する校務を整理する主幹教諭を置くときその他特別の事情のあるときは，保健主事を置かないことができる（第45条第2項）。保健主事は，指導教諭，教諭又は養護教諭を，これに充てる（第45条第3項）。保健主事は，校長の監督を受け，小学校における保健に関する事項の管理に当たる（第45条第4項）。

⑥ **事務長**又は**事務主任**を置くことができる（第46条第1項）。

⑦ 教務主任，学年主任，保健主事及び事務主任のほか，必要に応じ，校務を分担する主任等を置くことができる（第47条）。

（3）中学校

① 小学校と同様，**教務主任**，**学年主任**，**保健主事**を置くものとする。

② **生徒指導主事**を置くものとする（第70条第1項）。生徒指導主事は，校長の監督を受け，生徒指導に関する事項をつかさどり，当該事項について連絡調整及び指導，助言に当たる（第70条第4項）。

③ **進路指導主事**を置くものとする（第71条第1項）。進路指導主事は，指導教諭又は教諭をもって，これに充てる。校長の監督を受け，生徒の職業選択の指導その他の進路の指導に関する事項をつかさどり，当該事項について連絡調整及び指導，助言に当たる（第71条第3項）。

④ **事務長**又は**事務主任**を置くことができる（準用規定第79条）。

⑤ 教務主任，学年主任，生徒指導主事，進路指導主事，保健主事及び事務主任のほか，必要に応じ，校務を分担する主任等を置くことができる（準用規定第79条）。

（4）高等学校

① 教務主任，学年主任，生徒指導主事，進路指導主事，保健主事を置くもの
とする（準用規定第113条）。

② 2以上の学科を置く高等学校には，専門教育を主とする学科ごとに**学科主
任**を置き，農業に関する専門教育を主とする学科を置く高等学校には，**農
場長**を置くものとする（第81条第1項）。学科主任は，校長の監督を受け，当
該学科の教育活動に関する事項について連絡調整及び指導，助言に当たる
（第81条第4項）。

　　農場長は，校長の監督を受け，農業に関する実習地及び実習施設の運営
に関する事項をつかさどる（第81条第5項）。

③ 高等学校には，**事務長**を置くものとする（第82条第1項）。事務長は，校長の
監督を受け，事務職員その他の職員が行う事務を総括し，その他事務をつ
かさどる（第82条第3項）。

④ **教務主任，学年主任，生徒指導主事，進路指導主事，保健主事，学科主任**（専
門教科），**農場長，事務長**のほか，必要に応じ，校務を分担する主任等を置
くことができる（準用規定第104条）。

　高等学校の場合は，〇〇主任に代わって，〇〇部長ということが多い。例え
ば，教務主任というべきところ，教務部長といっている。

（5）特別支援学校

① **教務主任，学年主任，生徒指導主事，進路指導主事，保健主事，学科主任**（専
門教科），**農場長，事務長**を置くものとする（準用規定135条）。

② 寄宿舎を設ける特別支援学校には，**寮務主任**及び**舎監**を置かなければなら
ない（第124条第1項）。寮務主任の担当する寮務を整理する主幹教諭を置くと
きその他特別の事情のあるときは寮務主任を，舎監の担当する寮務を整理
する主幹教諭を置くときは舎監を，それぞれ置かないことができる（第124
条第2項）。

③ 寮務主任は，校長の監督を受け，寮務に関する事項について連絡調整及び
指導，助言に当たる（第124条第4項）。

　　舎監は，校長の監督を受け，寄宿舎の管理及び寄宿舎における児童等の

教育に当たる（第124条第5項）。

（**太字**は省令主任）

2. - 2 主任制度化の主な経緯

① 1974（昭和49）年制定人材確保法に基づく教員給与第2次第3次改善について，1975（昭和50）年，文部大臣が人事院総裁に対し，「教務主任，児童生徒指導主任，学年主任等の職務を担当する教員に対しては，その職務と責任にふさわしい処遇を確保する必要があるので，当該主任等に関する規定の整備と相まって，給与上必要な措置を講じること」と述べ要望する。

② 教員給与の第2次改善についての人事院勧告（1945「昭和50」年3月17日）の中に，「教職に人材を確保し，もって学校教育の水準の維持向上を図るためには，研修等による教員の資質の向上及び教員に係る制度の整備も重要な課題の一つと考える」と表現される。

③ 1975（昭和50）年12月，主任についての文部大臣見解を発表，学校教育法施行規則の改正を行い，1976（昭和51）年3月1日から制度化する。

3. 新たな職の設置に伴う学校組織

　学校における組織運営体制や指導体制の確立を図るため，幼稚園，小学校，中学校等に副校長，主幹教諭，指導教諭という職を置くことができるよう学校教育法の一部改正が2007（平成19）年6月20日に行われ，2008（平成20）年4月1日から施行することとなった。これに伴い従来の教頭よりも，権限を拡大した副校長や主幹教諭等が主任を兼ねる新たな学校組織の設置が可能となった。

　新たな職の設置に伴う職務は，以下のようになる。

> ① **副校長の職務**（小学校の場合，学校教育法第37条第5校，第6項）
>
> 　校長の補佐機能，命を受けての特定校務掌理機能及び代理・代行機能を持つ。
>
> ② **主幹教諭の職務**（小学校の場合，学校教育法第37条第9項）
>
> 　校長（副校長を置く学校にあっては，校長及び副校長）及び教頭の補佐機能，命を受けて特定校務の整理機能，並びに教育機能を持つ。
>
> ③ **指導教諭の職務**（小学校の場合，学校教育法第37条第10項）

　　教育機能並びに教諭その他の職員に対して，教育指導の改善及び充実
　　に係る指導・助言機能を持つ。

　新たな職の設置状況については，都道府県レベルにおいて，必ずしも十分に
配置されているとはいえない。副校長の設置については，京都府の場合，定時
制課程及び通信制課程を持つ高等学校に首席副校長（府立学校の場合，従来の教頭
を副校長としている）として配置し，京都市の場合，定時制課程においては，副
校長を設置している。主幹教諭等の配置については，必ずしも，1校1名とい
うわけではない。このような現状は，他の都道府県においても変わりはない。
　この主な理由は，国をはじめとする都道府県が学校の運営組織の具体像が描
き切れていないというのが真実であろう。こうした新たな職の設置は，組織構
造の縦の構造の拡大を目指すものであるなら，中央教育審議会答申「教職員給
与の在り方」においての議論と重なる部分もあるが，上級校長の設置，副校長・
教頭の複数配置，主幹教諭の複数配置，指導教諭の適正な配置，主任の職化な
ど将来的にも検討されるべきである。又，同時に，教員給与にメリハリをつけ，
給与改善を図るべきである。
　国サイドとは別に，学校の組織のあり方については，学校サイドから管理機
関としての教育委員会までも含め議論を深め，あるべき姿の学校の組織を定置
するべきである。
　本来は，各学校によって，教育課題や教職員組織の特性が異なるため，組織
構造のフレームも異なることもあり得る。

4．職員会議

（1）職員会議の意義
　学校の教職員の全員参加を建前とし，特定の校務分担の会議その他の組織と
異なり，これらの組織を統一する包括的な組織

（2）法的性格
　職員会議は，校長を中心に職員が一致協力して学校の教育活動を展開するた
め，学校運営に関する校長の方針や様々な教育課題への対応方策についての共
通理解を深めるとともに，幼児児童生徒の状況等について担当する学年・学級・

教科を超えて情報交換を行うなど，職員間の意思疎通を図る上で，重要な意義を有する。

　しかしながら，職員会議についての法令上の根拠が明確でないことなどから，一部の地域において，校長と職員の意見や考え方の相違により，職員会議本来の機能が発揮されない場合や，職員会議があたかも意思決定権を有するような運営がなされ，校長が職責を果たせない場合などの問題点が指摘されている。

　職員会議の運営の適正化を図る観点から，省令に職員会議に関する規定を新たに設け，その意義・役割を明確にするとして，省令一部改正が行われた。

① 学校教育法37条第4項等（旧規定，第28条第3項）において「校長は，校務をつかさどり，所属職員を監督する」と規定されている学校の管理運営に関する校長の権限と責任を前提として，校長の職務の円滑な執行を補助するものととして位置づけられている。

② 学校には，設置者の定めるところにより，校長の円滑な執行に資するため，職員会議を置くことができる。
　職員会議は，校長の権限と責任を前提に，校長の職務の円滑な執行を補助する機関として位置付けられている。

③ 職員会議の審議事項は，学校の教育方針，教育目標，教育計画，教育課題への対応等に関する職員間の意思疎通，共通理解の促進，職員の意見交換などである。

④ 教員以外の職員を含め，学校の実情に応じて学校の全教職員が参加できるようにする。

⑤ 職員会議は，校長が主宰する。校長には，職員会議について必要な一切の処置をとる権限があり，「主宰する」とは，校長自らが職員会議を管理運営するという意味である。

⑥ 学校の実態に応じ，企画委員会や運営委員会を積極的に活用するなど，組織的，機能的な学校運営に努める。

　このように，職員会議は，任意設置であり，校長の職務執行の補助機関として位置付けられている。

> 学校教育法施行規則第48条
> 　小学校には，設置者の定めるところにより，校長の職務の円滑な執行に資する
> ため，職員会議を置くことができる。
> 2　職員会議は，校長が主宰する。

4 チームとしての学校

1．2015（平成27）年１月21日の中央審議会の答申「チームとしての学校のあり方と今後の改善方策について」において「チームとしての学校」を提言した。

　同答申において，以下の４点の背景をあげ，その必要性を説いている。
（背景）
1．教育活動の更なる充実の必要性
　新しい時代の子供に必要な資質・能力を育むためには教育活動の更なる充実が求められている。
2．学習指導要領改訂の理念を実現するための組織の在り方
　学校が，社会や世界と接点を持ち，多様な人とつながりを保持し学ぶことができる開かれた環境となることが不可欠である。教育課程は，教育の普遍的な根幹を堅持し，社会の変化に柔軟に受け止める「社会に開かれた教育課程」としての役割が期待される。
　この理念の実現は，各学校において，「アクティブ・ラーニング」の視点を踏まえた不断の授業方法の見直し等による授業改善と「カリキュラム・マネジメント」を通した組織運営の改善に一体的に取り組むことが重要である。さらに，「コミュニティ・スクール」や多様な地域人材等と連携・協働して，家庭や地域社会を巻き込み，教育活動を充実していくことが大切である。
3．複雑化・多様化した課題
　社会や経済の変化に伴い，子供や家庭，地域社会も変容し，生徒指導や特別支援教育等に関わる課題が複雑化・多様化し，学校や教員だけが課題を抱

えて対応するのでは，十分に解決することができない課題も増えている。

4．我が国の学校や教員の勤務実態

国際調査等によれば，我が国の教員は，授業に関する業務が大半を占める欧米の教員に比べ，授業以外の業務の生徒指導などを行っていることが明らかであり，勤務時間も国際的に見て長いという結果が出ている。

（必要性）

学校が，複雑化・多様化した課題解決や子供に必要な資質・能力を育むためには，学校のマネジメントを強化すること，学校の組織として教育活動に取り組む体制を創り上げ，必要な指導体制を整備すること，である。その上で，生徒指導や特別支援教育等を充実していくために，学校や教員が心理や福祉等の専門スタッフ等と連携・分担する体制を整備し，学校の機能を強化していくことが重要であるとして「チームとしての学校」の必要性を説いている。

「チームとしての学校」の体制の整備は，教職員一人一人が自らの専門性を発揮するとともに，心理や福祉等の専門スタッフ等の参画を得て，課題の解決に求められる専門性や経験を補い，子供の教育活動を充実していくことが期待できる。

又，子供側からすれば，子供が成長していく上で，多様な価値観や経験を持った大人と接したり，議論したりすることは，より厚みのある経験を積むことができ，「生きる力」の定着に繋がる。

2．チームとしての学校のイメージ

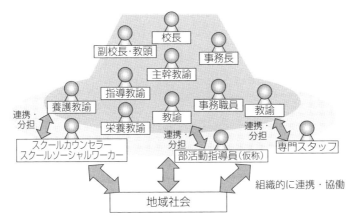

3．「チームとしての学校」の実現の方途

関係機関にとっては，以下の3点の施策の推進は重要である。

　1．専門性に基づくチーム体制の構築

　　指導体制の充実が必要であるが，心理や福祉等の専門スタッフについて，学校の職員として，職務内容等を明確化し，質の確保と配置の充実を推進する。

　2．学校のマネジメント機能の強化

　　校長のリーダーシップが重要であり，今まで以上にチーム・マネジメント機能を強化することが必要となる。そのためには，優秀な管理職の確保，主幹教諭配置の促進，事務機能の強化など校長のマネジメント体制を支える仕組みの充実が必要となる。

　3．教職員が力を発揮できる環境の整備

　　人材育成の充実や業務改善の推進が必要となる。（2015「平成27」年12月21日，中央教育審議会答申「チームとしての学校のあり方と今後の改善方策について」pp.12-13）。

4．集団（グループ）とチームの相違

　集団（グループ）は，児童の登下校時の折，集団登校とか。集団下校といっている。中学校や高等学校の部活動等において，例えば，サッカー部は日常的には，サッカー部の集団（グループ）であるが，練習試合や公式試合においては，サッカー・チームとなる。

　つまり集団とチームとは別物であり，それ故，それぞれの定義を考え，チームの本質に迫ることにする。

　集団（グループ）は，「特定の目標をもち，それを達成するために互いに影響を与え合い，依存し合う複数の人々の結合」ということになるが，構成メンバーにはそれぞれの役割，集団の規範，又，第3者がその集団やそのメンバーに対して社会的な立場や格付けなど社会的地位，集団のメンバーがその集団に留まろうとする動機付けの程度をいう集団の凝集性，様々な特性を有するメンバーの構成，集団の規模という要素が存在する。

　チームは，「共通の目的，達成すべき目標，達成手段を共有し，互いに連帯的責任を果せるための相互補完的なスキルを備えた少人数の組織体」ということになる。共通の目的，達成すべき具体的な目標は，チームの業績に繋がるとして位置づけられるもので，その成否の説明責任は，個人にあるがそれは共同的責任である。

　目標を達成するための手段はメンバーに共有され，メンバー個人のスキルは，相互補完的でなければならない。

　極だった特徴は，メンバーの協働を通じてプラスとなる相乗効果（シナジー効果：synergy effect）を生むことである。換言すれば，メンバーの努力の投入量の総和よりも優れた業績を示すことである。

　集団（グループ）についていえば，そのメンバーには，目標を達成するための手段を互いに共有する必要はなく，また，メンバー個人のスキルも，相互補完する必要はない。個人の能力と努力を積み重ねるような集団作業を必要とすることもない。

5．チーム・ビルディング

　効果的なチームを作るには，チーム基盤として必要な要素は，以下の3点が

考えられる。

（1）効果的チームを支援する経営資源（ヒト・モノ・カネ・ジョウホウなど）・基盤

　この場合の経営資源は，課題に必要な情報，適切な設備，十分な人員，奨励，事務的な支援などが含まれ，より大きい組織（教育委員会など）から支援を受けるとともに，効果的なリーダーシップ，リーダーとチームメンバー間，チームメンバー間の信頼関係，チームの業績を重視する評価とその報酬システム等の基盤整備が必要となる。

　最初に，リーダーは，業務内容への理解，業務分担の平等の徹底と同意，スケジュールの設定，必要とされるスキルの開発，コンフリクト（conflict：意見・感情・利害の衝突，争い，対立）の解決方法，意思決定などを定め，さらに，各個人の持っているスキルを統合する方法についても定める必要があり，それには，メンバー全員の納得と合意が重要となる。このようなことができる効果的なリーダーシップが求められる。リーダーは校長，教頭などの管理職以外も考えられる。

　チームのメンバー間やリーダーに対しても互いの信頼関係構築は重要である。こうした**信頼関係構築の基盤を作ることがチーム・ビルディングの第一歩**である。

　人事評価制度においては，個人の業績に基づく評価からチームの業績を反映させる評価へと改善する必要がある。

　その他，**チームの成功体験は，チームに自信感を呼ぶ**。そのためには，小さな成功を体験するため，リーダーは全力を挙げて支援する。**小さな成功の積み重ねが大きな自信感を呼ぶこととなる**。効果的なチームは，大きな自信を持っている。さらに，業務に必要な（成功に導く）スキルの研修を実施する必要がある。

（2）チームの構成

　チームを構成する場合，チームメンバーの**スキルと人当たりがよい，誠実**などのパーソナリティ，役割の割当て，各メンバーが有する**経験・スキル**などの**多様性**，チーム組織の規模，環境変化などに対する**柔軟性**，メンバーの**嗜好**は

重要な要素である。

1) スキルとパーソナリティ

メンバーのスキルは，3つの異なるスキルが必要となる。

① 専門的なスキルを備えた人材。

② コンセプチャル・スキルを持っている人材。

　　問題を特定化・構造化し，問題解決の本質を見極め，問題解決案を考案・評価して，解決案を選択できる問題解決能力を持ち，自ら意思決定できる人材である。

③ ヒューマン・スキルを持つ人材。

　　メンバーの話に耳を傾け，フィードバック行い，様々なコンフリクトの解決方法を見つけ解決するというような対人関係能力を有する人材である。

これらのうち，1つのスキルが不十分であれば，効果的なチームを作ることができない。つまり，3つのスキルがすべてバランスよく身につけ備えていなければ，チームの相乗効果を十分発揮できなくなる。

メンバーのパーソナリティについては，「人当たり」，「誠実さ」，「外向性」は，チームの業績に大きな影響を及ぼすとされている。

2) 役割の割当て

チームには，そのチームには期待されるニーズがあるため，チームメンバーはあらゆる役割を満たすことが求められる。ここでの役割は校務（業務）分担という意味ではなく効果的なチームとなるために必要な役割を意味している。その詳細については，第8章において論述する。

なお，図7-2は，文部科学省がイメージする「チーム学校」の役割分担（業務分担）である。教職員がスクールカウンセラー，スクールソーシアルワーカー，部活動の指導員などの専門スタッフなどとの連携を図りながらチーム学校の実現を図るためのイメージである。

図 7-2　「チーム学校」の実現による学校の教職員等の役割分担の転換について（イメージ）

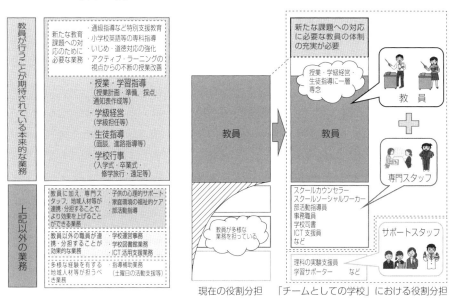

出所：2015（平成27）年12月中央教育審議会答申「これからの学校教育を担う教員の資質能力の向上について～学び合い，高め合う教員育成コミュニティの構築に向けて～」参考資料その 1，p.17より作成。

3）多様性

　多様な能力，経験，情報などを持つ人材をチームに組み入れるのは，コンフリクトが発生するリスクが発生しやすいが，それは均一なチームに比べると優れているという傾向が見られる。つまり**多様性の活用**である。

4）規模

　チームの適正規模は 7 名から 9 名ぐらいといわれている。チームとしての学校は，この適正規模よりも遙かに大きく，メンバー間の調整に時間がかかることになる。すなわち，凝　集　性と相互の達成責任の程度が低下し，いわゆる「**社会的手抜き**」という現象が顕在することになる。それゆえ，業務のあり方，チームを分割しいくつかの適正規模のサブチームに分割するなど様々な改善が必要となる。

＊社会的手抜きとは，人は，集団で働くときは，個人で働くときと比べ，仕事

の効率が低下することを言っている。その原因は解明されていない。

（例）サブチーム

　特別の配慮を要する児童生徒が在籍している場合，その児童・生徒が受講している学級・講座を担当する教科等担当教諭，生徒指導担当教諭，養護教諭，スクールカウンセラーなどの機能横断型のチームを編成する。

　サブチームを編成した場合，複数の分掌等にチームリーダーがいることになるが，チーム学校にとっては，チームリーダーが一体となって行動する必要があり，そのためには，各サブチームのリーダーから成る**リーダーシップチームを編成しリーダーシップチームとして意思決定を行う**ことは極めて重要である。

5）柔軟性

　チームのメンバーが**柔軟性**を持っていることは，チーム自体が学校内外の環境変化に対して柔軟に適応できる能力を有することを示し，メンバーが一体となって業務を完結できることを意味している。

6）嗜好

　チームのメンバーは一人で業務を遂行するよりも，できる限り**集団を好み集団の一員として業務を遂行する**ことを好む性向を有する方が望ましいだろう。それは，メンバーの嗜好というべきであろう。

（3）教職員の職務のデザイン

　効果的なチームは，チーム全員が協働的業務遂行を通じて，互いに連帯責任をとりながら業務を完遂することにある。そのためには，メンバーの職務のデザインは，きわめて重要である。職務デザインには，**業務の自律性，スキルの多様性，チーム全体の業務及び特定の業務の完結性**，他のメンバーに大きな影響を及ぼす業務などに従事することの**重要性**の次元が含まれる。業務の自律性は，自己管理で遂行するとか，特定の業務に参加の形で遂行するのかを意味する。スキルの多様性は，個人の能力やスキルを活用する機会の多様性，すなわち業務の多様性を意味し，完結性は，全体もしくは特定の業務を完結する能力を意味する。

　これらの次元は，メンバーのモチベーションにも影響を及ぼすと考えらている。

考　察

1　校務分掌組織について，説明せよ。

2　主任制度の意義について，説明せよ。

3　職員会議の意義について，説明せよ。

4　主幹教諭及び指導教諭の設置は，学校組織にどのような変化をもたらすか，説明せよ。

5　「チームとしての学校」の意義について説明せよ。

6　効果的なチームを作るために，スポーツのサッカー，野球，バスケットなどについて議論してみよう。次に，学校という組織について効果的な「チームとしての学校」を考えてみよう。

■■ 参考文献

安彦忠彦ほか編『現代学校教育大辞典1』ぎょうせい，2002年。

大中忠夫監修，グロービス・マネジメント・インスティテュート編『MBAリーダーシップ』ダイヤモンド社，2006年。

金井壽宏『リーダーシップ入門』日本経済新聞社，2005年。

金井壽宏『経営組織』日本経済新聞社，1999年。

クイン・ミルズ『ハーバード流　リーダーシップ「入門」』スコフィールド素子訳，ファーストプレス，2006年。

『現代学校経営講座2』第一法規，1976年。

榊原清則『経営学入門　上』日本経済新聞社，2002年。

スティーブン P. ロビンス『組織行動のマネジメント』高木晴夫訳，ダイヤモンド社，2009年。

スティーブン P. ロビンス『マネジメント入門——グローバル経営のための理論と実践』髙木晴夫訳，ダイヤモンド社，2014年。

野中郁次郎『経営管理』日本経済新聞社，1980年。

本間政雄・高橋誠編著『諸外国の教育改革』ぎょうせい，2000年。

マネジメント研修カリキュラム等開発会議「学校組織マネジメント研修テキスト（平成15年度改訂版）」文部科学省，2004年。

三隅二不二『リーダーシップ行動の科学』有斐社，1984年。

村上良三『人事考課ハンドブック』法令総合出版，1987年。

吉本二郎『現代学校教育論』理想社，1959年。

吉本二郎編著『現代公教育と学校経営』ぎょうせい，1978年。

M. A. Campion, E. M. Papper and P. C. Medsker, "Relations Between Work Team Characteristics and Effectiveness" *Personnel Psychology*, 49, 1996.

Richard L. Daft, *Organization Theory & Design*, 12th Edition, CENGAGE, 2015.

Stephen P. Robbins and Timothy A. Judge, *Organizational Behavior*, PEARSON, 2016.

第 8 章

「チーム学校」に求められる
校長・教員等の職務と役割

1 はじめに

　従来から，学校の組織は，校長，教頭以外は，横並びであり，「鍋蓋」型組織といわれ，この組織こそが組織的な学校運営の妨げになり，その責任体制も曖昧になるなどにより，今日的な問題への学校対応に課題を抱えることになったとも指摘されてきたところである。

　子供を取り巻く環境の変化は教育問題を一層複雑化へと変容させた。学校がその対応を迫られたことや行政における地方分権や規制緩和の流れにあって，教育分野においても学校への権限委譲が推進されてきたが，この学校への権限委譲は主体的自律的学校経営の推進にはきわめて重要である。学校が自らの責任と判断においてその権限が行使できるよう，組織運営体制を整備することは喫緊の課題であった。

　2007（平成19）年3月10日の中央教育審議会答申「教育基本法の改正を受けて緊急に必要とされる教育制度の改正について」において，改正教育基本法において，「**学校教育においては体系的な教育が組織的に行わなければならない**」（同法第6条第2項）との規定が設置されたことを踏まえ，学校の組織運営体制や指導体制の確立を図るため，翌年4月から幼稚園，小学校，中学校等に，**副校長，主幹教諭，指導教諭**が設置された。

　従来の学校は，社会の変化など外部の環境に対して影響を受けたりまた逆に影響を及ぼすことのない**閉じた組織**としてみなされていたが，昨今は，外部の

環境に対して，**開かれた組織**としてみなされている。実際には，学校を取り巻く環境からの強い働きがあり，学校と外部環境が常に緊張関係にある。こうした状況下で，学校は，外部環境と組織の内部環境を整え，ベストな適応方法を戦略として策定し問題解決や教育目標の達成を実現することになるが，それには，校長・教員の職務や役割の在り方を議論することはきわめて重要である。この章においては，法的側面を中心に「チームとしての学校」という組織と**チーム・マネジメント**というマネジメントの視点から考察し，校長・教員等のあり方を考察する。

2 | 教職員の職務と役割

　学校には，教育目的や教育目標を達成するため，必要な職員が設置されている。

1．必置職員等

　校長は，どの校種においても必置となっている。

　教頭は，高校・中等教育学校においては必置であるが，他の校種においては，特別の事情により置かないことができる。

　教諭は，どの校種においても必置となっている。

　養護教諭は，高校・幼稚園においては置くことができる，他の校種においては，当分の間置かないことができる。

　学校医・学校歯科医・学校薬剤師は，どの校種においても必置となっているが，身分上の扱いは，非常勤職員となっている。

　事務職員は，高校・中等教育学校において必置であるが，他の校種においては当分の間置かないことができる。

　学校栄養職員は，小学校・中学校・特別支援学校においては，置くことができる。

　「特別の事情があるとき」とは，例えば，学校が小規模であるとか，地域的な関係で適当なものを採用できない場合と解されている。

必置職員等（学校教育法第37条第１項，第２項）

> 　小学校には，校長，教頭，教諭，養護教諭及び事務職員を置かなければならない。
> 2　小学校には，前項に規定するもののほか，副校長，主幹教諭，指導教諭，栄養教諭その他必要な職員を置くことができる。
> 3　第一項の規定にかかわらず，副校長を置くときその他特別の事情のあるときは教頭を，養護をつかさどる主幹教諭を置くときは養護教諭を，特別の事情のあるときは事務職員を，それぞれ置かないことができる。

　中学校については，同法第49条の準用規程により，同法第37条は，中学校においても準用される。高等学校については，同法第60条において校長，教頭，教諭及び事務職員を必置とし（同条第1項），副校長，主幹教諭，指導教諭，養護教諭，栄養教諭，養護助教諭，実習助手，技術職員その他必要な職員を任意設置とする（同条第2項）。ただし，副校長を置くときは，教頭を置かないことができる（同条第3項）。

2．教職員の職務

（1）校　長

　「校長は，校務をつかさどり，所属職員を監督する」（学校教育法第37条第5項）における校長のつかさどる「校務」は，学校運営上必要ないっさいの業務をいい，概ね以下のように分類される。

> 校務 {
> ・学校教育に関する業務
> ・教職員に関する業務
> ・児童生徒に関する業務
> ・学校の施設設備（教材を含む）等に関する業務
> ・その他学校の運営に関する業務
> ・個々の法令の規定により校長の職務権限として定められている業務

　その他校長の職務としては，教育委員会から内部委任（専決，代行）されているものと教育委員会から特に具体的に命じられたものなどがある。
　「校務をつかさどる」は，学校運営上必要ないっさいの業務を処理する権限と責任を，校長は有しているということである。

　同法にある「**監督**」には，校長は，所属職員の職務上の上司として，職務命令を発し，職務の分担遂行是正を命じ，結果の報告を徴するなど**職務上の監督**を行うほか，地方公務員，教育公務員としての身分上の上司として職員が服務規律を遵守しているか否かなど，**身分上の監督**を行うことも含まれている。

　行政法上の「**監督**」の態様は，その方法として，監視，許可・承認，職務命令，取消し・停止，権限争議の決定などである。

　「監視」は普段の職員室等における教職員の観察，出張や研修等の適切な報告の聴取，書類等の査察，授業参観などであり，「許可・承認」は部活動等による休日等児童生徒の校外引率の承認，特別休暇や私事旅行の承認など，「職務命令」は学年主任等の命課や校務分掌のいわゆる校務分掌命令，職員会議の開催と出席の指示，職員の特別な職務に発する命令など，「取消し・停止」は教頭等が行った決定を取り消したり，職員の担当する職務を一時的に差し止めたりすることなど，「権限争議の決定」は職員の所掌事務の分配に関する疑義について裁定を下すことなど，をいう。

　教職員の監督は，本来，市町村の教育委員会の権限に属するのであるが（地方教育行政の組織及び運営に関する法律第43条第1項），学校の長としての校長は，その所属職員について，教育委員会とともに監督を分任して行う権限と責任を有する。

　校長は，教育委員会の指揮監督下にあり，公立学校については，教育委員会の管理権と学校における主体的，自律的な運営の調整を果たすため，学校の管理運営の基本的な事項について，必要な教育委員会規則（いわゆる**学校管理規則**）を定め，教育委員会と学校との権限の分担関係を予め明らかにしている。

個々の法令の規定により職務権限として定められている校長の主な職務

1．職務遂行が公法上の効果を伴うもの

生徒の退学，停学，訓告の処分（学校教育法施行規則第26条第2項）

卒業証書の授与（小…同58条，中…準用規定同79条，高…準用規定同第104条）

就学猶予免除者の相当学年への編入（同35条）

児童生徒の出席停止（学校保健安全法第19条）

　　等

2．学校内部の事務処理

校長の職務代理者についての定め（学校教育法第37条第 6 項・第 8 項）

学齢児童の出席状況の把握（学校教育法施行令第19条）

児童生徒の指導要録の作成（学校教育法施行規則第24条第 1 項）

児童生徒の出席簿の作成（同第25条）

授業終始の時刻の決定（同第60条）

　　　等

3．学校外部に対する通知，連絡等について校長に義務を課すもの

中途退学者の教育委員会への通知（学校教育法施行令第10条，第18条）

長期欠席児童生徒の教育委員会への通知（同第20条）

指導要録の抄本又は写しの進学先，転学先への送付（学校教育法施行規則第24条第 2 項・第 3 項）

　　　等

（2）副校長

「副校長は，校長を助け，命を受けて校務をつかさどる」（学校教育法第37条第 5 項）は，校長の職務権限の行使について，その補佐機能を持ち，また，命を受けて特定の校務の掌理機能を持っている。校長の補佐機能とは，副校長が校長の職務遂行に関し，意見を述べたり，補佐したりすることだけではなく，内部委任等により校長の職務を行ったり，校長が不在の場合に代決することも含まれる。この規定中の「助け」は，補佐機能の表現として用いられ，校長の職務権限の行使について，直接補佐するという意味である。したがって，副校長は，校長の行う所属職員の監督の職務を直接補佐することになり，所属職員を監督することができる立場であるから，所属職員に対して，職務命令を出すことができる。

　命を受けて特定の校務の掌理機能を持つとは，「命を受けて校務をつかさどる」であり，その命の主体は，一般的には，直属の上司である校長となるが，教育委員会が訓令等において，一律に命を発することも想定される。すなわち，副校長は，命を受けて，学校の校務の一部を自らの名において，処理することができるという意味を持っている。その命を受けて特定校務として処理する内容は，一定金額以下の予算執行，一定の学校行事の承認，補助教材の選定，学期ごとの学校評価などが想定される。ただし，法令上明確に規定されてい

る校長の職務については，副校長に委ねることはできないとされている。

　なお，校務を「整理する」という教頭の業務は，当然，副校長においても可能であるとされている。また，副校長は，校長の職務代理及び職務代行を行うこと（同法第38条第6項）になる。

（3）教　頭

　「教頭は，校長（副校長を置く小学校にあっては，校長及び副校長）を助け，校務を整理し，及び必要に応じ児童の教育をつかさどる」（学校教育法第37条第7項）は，校長（副校長を置く小学校にあっては，校長及び副校長）の職務権限の行使について，補佐機能，校務調整機能及び必要に応じての教育機能を持つ。

　この規定中の「助け」は，副校長の場合と同様であるが，副校長を設置している場合，校長及び副校長の補佐機能を持つことになる。「校務を整理し」は校務について調整することであり，校長（副校長を置く小学校にあっては，校長及び副校長）と職員間及び職員相互間の意思疎通を図る連絡的な事務や，企画立案等の準備的な事務等多様な角度からの調整を意味する。「必要に応じて児童の教育をつかさどる」は，原則として教頭は児童の教育を担当しないのであるが，教諭の休暇や研修等による授業の穴埋めや教員の不足等に対処するため，必要に応じ児童の教育を行うことができるという意味である。また，教頭は，校長の職務代理及び職務代行となることについては，副校長の場合と同様である（学校教育法第37条第8項）。

（4）主幹教諭及び指導教諭

　「主幹教諭は，校長（副校長を置く小学校にあっては，校長及び副校長）及び教頭を助け，命を受けて校務の一部を整理し，並びに児童の教育をつかさどる」（学校教育法第37条第9項）は，主幹教諭が校長（副校長を置くにあっては，校長及び副校長）及び教頭の補佐機能，命を受けての特定の校務整理機能及び教育機能を持つ。

　この規定中の「助け」は，直属の上司である教頭を補佐することになるが，教頭，副校長が配置されている場合，副校長をも含めて，両者の職務について直接補佐することがあり得ることを意味する。

　規定中の「命を受けて」の命の主体は，一般的には校長であるが，主幹教諭の上司である副校長や教頭が発する場合がある。なお，教育委員会が，訓令等

により，一律に命を発することもあり得る。「校務の一部を整理し」とは，教頭の持つ校務整理機能の一部を，例えば，教務，生徒指導，進路指導などのまとまりのある校務を，整理することになる。

　また，規定中「助け」は，校長，副校長及び教頭を補佐することであり，整理する立場から，校長，副校長及び教頭を除く所属職員に対し，命を受けた校務の一部について，職務命令を発することができるとされる。

　「児童の教育をつかさどる」については，教頭のような「必要に応じ」といった規定がないのは，新たな主幹教諭になるものとして想定されるのは，教務主任，生徒指導主任，進路主任などの職務を行っているもので，授業を担当しているという実態を踏まえていること，また，主幹教諭に期待されている校務の一部の整理を行うに当たっては，自ら教育活動を実践することによってより効果的に行うことができると考えられるからである。

　教頭と主幹教諭の職務機能の違いは，「校務の整理」機能では，「一部」であれば，主幹教諭の機能，「教育」機能では，「必要に応じ」であれば，教頭の機能という違いのみである。

　「指導教諭は，児童の教育をつかさどり，並びに教諭その他の職員に対して，教育指導の改善及び充実のために必要な指導及び助言を行う」（学校教育法第37条第10項）は，指導教諭が教育機能，指導助言機能を持つことを示している。指導教諭は教育的実践力に優れ，他の職員に対して指導助言を行う能力のあるものが任用されることが想定される。

　「教諭その他の職員」は，学校教育法で規定している全ての職を含む。具体的には，主幹教諭，教諭，助教諭，講師が該当する。また，養護教諭や栄養教諭が教育指導を行う場面には，指導教諭の指導助言の対象となる。指導教諭は，職務上校長を補佐するものではなく，教諭その他の職員に対して，教育指導の改善及び充実のために必要な指導助言を行うものであり，職務命令を出すことはできない。

　指導教諭と主任との関係は，教務主任・学年主任（学校教育法施行規則第44条），保健主事（同第45条），生徒指導主事（同第70条），進路指導主事（同71条），高等学校の学科主任・農場長（同81条），特別支援学校の寮務主任・舎監（同124条）において，教諭（保健主事の場合,教諭及び養護教諭）のほか指導教諭を充てるとし，

特別支援学校の部主事は，その部に属する教諭の他主幹教諭又は指導教諭を充てる（同125条第2項）としている。

　学校に責任あるマネジメント体制を確立するため副校長及び管理職を補佐して担当する校務を整理するなど一定の権限を持つ監督職として主幹教諭の職，また，学校の必要性に応じて，指導力に優れ，他の教諭等への教育上の指導助言や研修に当たる職務を担う指導教諭の職が導入され，都道府県教育委員会等の判断により学校に配置できるように制度が整備され，教諭のキャリアの複線化に資するものになった。

（5）教　諭
　「教諭は，児童の教育をつかさどる」（学校教育法第37条第11項）は，教諭についていえば，授業の実施や生徒指導等児童生徒の教育に直接携わるほか，教務や施設設備の管理その他の校務運営上必要な事務を処理すべきことを命じられた場合には，職務上の義務として当該職務に従事する義務を負うものである。教諭の職務の規定は，法令に規定されているものがすべてではなく，これらは学校という組織体の中で処理すべき教諭の主たる職務を規定しているものにすぎない。

（6）養護教諭および栄養教諭
　養護教諭は，「養護教諭は，児童の養護をつかさどる」（学校教育法第37条第12項）と規定され，栄養教諭は，「栄養教諭は，児童の栄養の指導及び管理をつかさどる」（学校教育法第37条第13項）となる。

（7）校長の校務分掌命令による主任（高等学校の場合，部長）
　主任等の職務は，校長の監督を受け，それぞれの職務に係る事項について，連絡調整及び指導，助言に当たる。主任の職務のうち，連絡調整は，学校経営上の位置づけであり，リーダーシップを発揮することが期待される。また，指導助言は教育専門家としての位置づけであり，優れた実践的指導力のある教育の専門家としての職責を果たすことが求められている。
　主任等の性格は，中間管理職ではないが，校長，教頭の職務命令を関係職員

に伝達し，必要な調整等を行うことができる。学校運営上必要があれば，校長は，省令（学校教育法施行規則）主任以外に新たな主任を設置することができる。

図 8 - 1　主任の種類

	省令上の主任等		各教育委員会等により置かれている主任等の例
	原則手当支給あり（注1）	原則手当支給なし	
小学校	教務主任，学年主任	保健主事	分校主任，研究主任（研修主任），寮務主任，図書主任，小学校の生徒指導主事
中学校	教務主任，学年主任，生徒指導主事	保健主事 進路指導主事	
高等学校	教務主任，学年主任，生徒指導主事，進路指導主事，学科主任，農場長	保健主事	
特別支援学校	教務主任，学年主任，生徒指導主事，高等部に置かれる進路指導主事，学科主任，寮務主任	保健主事，農場長，左記以外の進路指導主事，学科主任，寮務主任	

注1：3学級未満の学校に置かれる生徒指導主事，進路指導主事，学科主任，農場長及び寮務主任並びに同学年の児童又は生徒で編制する学級の数が3未満である学年に置かれる学年主任を除く。
注2：□□□は，都道府県によって手当支給の対象として追加されていることが多いもの。
出所：文部科学省資料より作成。

（8）特別支援学校における部主事

特別支援学校においては，「特別支援学校には，各部に主事を置くことができる」（学校教育法施行規則第125条第1項）とし，部主事の職務は，「**主事は，その部に属する教諭等をもって，これに充てる。校長の監督を受け，部に関する校務をつかさどる**」（学校教育法施行規則第125条第2項）としている。

特別支援学校の小学部，中学部，高等部に，それぞれ部主事が設置されている。

3．学校運営上の管理職，主任等校種別配置

（1）小学校

校長，副校長，教頭，主幹教諭，指導教諭，教務主任，学年主任，管理部主任，指導部主任，保健部主任，事務主任等

（2）中学校

校長，副校長，教頭，主幹教諭，指導教諭，教務主任，学年主任，生徒指導部主任，進路指導部主任，管理部主任，研究部主任，保健部主任，事務主任等

（3）高等学校

校長，副校長，教頭，事務長，主幹教諭，指導教諭，教務部長，学年部長，生徒指導部長，進路指導部長，人権教育部長，保健部長，図書部長，学科主任，農場長，事務部（事務長補佐）等

（4）特別支援学校

校長，副校長，教頭，事務長，主幹教諭，指導教諭，教務部長，学年部長，生徒指導部長，進路指導部長，部主事，事務部（事務長補佐），寮務主任，学科主任，農場長等

3 「チーム学校」における校長・教員等の役割

1．チーム・マネジメント（team management）の意味

設定した目標を達成するため，チームメンバーのチームワークを高める活動の総体を意味する。

チーム・マネジメントは，**目標設定**，**コミュニケーション**，**チームワーク**，**パフォーマンス評価**の主要な要素を含んでいる。さらに，チーム・マネジメントは，チーム内部の問題を特定し，**コンフリクトを解決する機能**を持っている。

チーム・リーダーがメンバーの力量を高め，効果的なチームを構築するには，様々な手法とリーダーシップ・スタイルが考えられる。

2．効果的なチームの要素

（1）目標設定

ビジョン，ミッション，目標などの設定は，学校組織のリーダー，つまり，校長が学校内外の環境分析を行い，解決しなければならない課題を認識し，行うことになる。

　教職員をはじめ，場合によっては専門スタッフであるスクールカウンセラー，スクールソーシャルワーカーなどを含むメンバーが，それらの理解と共有を促すものとなり，抽象的ではなく具体的で平易且つ実行可能なもの，つまり，行動計画（action plan）のようなものを作成しなければならない。

　課題によっては，学校規模などによりチーム学校として駆動するのに容易でない場合は，臨機応変に，いくつかのサブチームを編成し全体としてチーム学校となるようなことも考えられる。それぞれの分掌がチームとして機能し，また，どの分掌にも属さない領域の問題が発生した場合は，機能横断型チームを作ることにより対応する。この場合のチームリーダーは，分掌主任（主幹教諭，指導教諭など）も可能である。

　校務分掌の場合，校長の設定したビジョン，ミッション，目標は，チームリーダーである分掌主任により，該当分掌の業務を踏まえ，アクション・プランを作成する。その際，分掌内のメンバーとの意見交換は必要である。

　学校を一つのチームとみる場合，メンバーの業務や役割を固定する場合と，課題によって業務や役割を随時変える場合とがある。

　また，校務運営において権限と責任を有する校長が，チームリーダになる場合もあるが，校務運営において権限と責任を有し最終の意思決定者としての校長とは別に，主幹教諭や教務主任等の主任がチームリーダーとなる場合もあり得る。

（2）チーム・ビルディング

　校長は，組織のリーダーとして業務遂行の仕組みを創らなければならない。つまり，組織デザインである。具体的には，校務分掌組織の編成であり，主任の命課，分掌組織構造，教職員一人ひとりの役割分担である。

　全員参加の構造と役割分担を前提として，各々のメンバーの持っている得意分野の専門性を活かしながら，メンバーの「**強み**」が発揮でき，さらに他のメンバーの「**強み**」を補完となるような「**強み**」の組合せあるいは，それぞれの**スキルの組合せ**を配慮する。

（3）チームワーク

チームの目標を達成するために各メンバーが取り組む努力の合計をチーム

ワークという。すべてのメンバーは，事前に設定された共通の目標を達成するため，最善の方法で実行するなど，チームへの貢献が求められる。つまり，個人のパフォーマンスを追究するのではなく，チームワーカーとしてベストな集団パフォーマンスを追究することこそ最も高い評価を得うることになる。これこそがシナジー効果を生むことになる。

次に，より良いチームを作る場合を考えてみる。

まず，メンバーの一人ひとりは，所属のチームを考えることになる。メンバーの個人的な関心や個人的な問題と，メンバーの職務・役割とは，混同しないで峻別しなければならない。また，チームメンバーの一人を過小評価や無視しないで，共に働き，彼らにも耳を傾けることが必要である。

チームリーダーが新しいアイデアを思いついたとしても，直ちにメンバーに課すことなく，新しいアイデアを導入する場合は，その前に，オープンプラットフォーム（open platform）上のすべてのメンバーと議論する必要がある。メンバーのうちの一人と話したことは，チームと話したことにはならない。チームメンバーに対する批判を避け，楽しませ，常にフレンドリーな雰囲気を作り出し，相互扶助をめざし，メンバーがチームプレーヤーとなるよう援助する。

チームメンバーの一人が協調しない場合は，その行為を丁寧に説明し理解させ，穏やかな音調で指導し，チーム内の否定性を避ける。常に透明性を維持し，健全な相互作用をチームメンバー間で促進する必要がある。

チームリーダーは，チームメンバーに対して最善を尽くすことを奨励する責任を負い，コンフリクトの際は直ちに介入する必要がある。チームリーダーの人格は，すべてのチームメンバーが必要とした時，いつでもアドバイスを得たいと思われるような信頼性が不可欠となる。それぞれのメンバーを平等にサポートすべきであり，チームメンバーの中からベストな努力を引き出すのはチームリーダーの義務である。

チームリーダーとメンバーの関係は，絶えず良好になるよう改善し，チームメンバー間の結束を強化する。チームメンバーが最大の成果を得るためにはメンバー相互の信頼構築が必要である。

チーム内部の競合や軽度の問題で争ったり，他人の欠陥を見つけたりするなどの争いについては，チームリーダーは調整をし，すべてのメンバーに最適な

代替案を見つけようとするべきである。

　チームメンバー間での健全な競争は奨励されなければならない。各チームメンバーのパフォーマンスはタイムリーに評価され，他のメンバーもまた動機づけられるように，最高のパフォーマーに適切な措置を与える必要がある。例えば，ベスト・パフォーマーとして表彰することも一つの措置である。

（4）リーダーシップ

　リーダーシップはチームを定義するといわれている。優れたリーダーのリーダーシップは，チーム目標達成への道筋を示すことができる。各メンバーは，ミーティングやプロジェクトに積極的に参加し，理解とコミットメントをしている。チームリーダーが，校長以外の場合，効果的なチームは，チームリーダーと意思決定者である校長との間の結束は不可欠である。

　サブチームを編成した場合，複数の分掌等にチームリーダーによる**リーダーシップチーム**を編成し学校としての意思決定を行うことは極めて重要である。その際，校長・教頭もこのチームに加わり，各リーダーの合意形成に努めなければならない。

（5）効果的なコミュニケーション

　コマンド・チェーン（命令の連鎖）の上端から下端まで，また，下端から上端まで，通信チャネルが有効でなければならない。効果的なコミュニケーション・チャネルは，意図ある受信者にメッセージを遅滞なく正確に転送することを可能とし，意思決定プロセスとチーム運営をスピードアップする。さらに，効果的なコミュニケーションは，組織の柔軟性を高め，外部環境の変化の影響を受けにくくする。より迅速な意思決定プロセスは，組織の変化に適応して緊急時における対応計画を実行する時間を十分にかけることができる。つまり，問題解決にかける時間が十分にとれることになる。

（6）目標の共通化

　チームメンバーが最初に顔を合わせると，各メンバーから異なるアイデアが出てくるが，効果的なチームの鍵はチーム内の**目的調整**である。チームリーダーは，十分な時間をかけてチーム全体が目指す共通の目的・目標及び行動計画を

設定することが不可欠である。

（7）チームの役割と責任の明確化

　効果的なチームでは，チームリーダーは，チームのミッションを評価して，業務を達成するために必要なものを理解する。その後，チームメンバーの「強さ」を特定し，それに応じて役割を割り当てる。最後にすべてのチームメンバーが，混乱を避け，効果的なコミュニケーション・チャネルを構築するため，お互いの責任を確認する必要がある。ここでのチームの役割は業務ではなくチームを駆動するための**潜在的な役割**である。

（例）役割には，チームが目標達成に向かって駆動するための役割とチーム組織のメンテナンスに大別することが出来る。
　　　目標達成に向かって駆動するための役割については，以下の5点が考えられる。

① 必要な情報を収集し，その情報を提供する（情報担当）。
② 駆動が停滞した場合は，従来のアイデア・業務とは異なるアプローチを考案する（アプローチ革新担当）。
③ 可能性や新たな機会を探索をする（可能性の探求担当）。
④ チームの様々な制約のなかで，可能な選択肢を分析し新たなアイデアを創造する（開発担当）。
⑤ コンセンサスを得てチームを駆動し結果を出す（推進担当）。

チーム組織のメンテナンスを担当する役割は，以下の3点が考えられる。

① チーム組織として統一を図りながら成果を生み出す（完結担当）。
② 目的達成の過程を詳細に検討するとともに，メンバーの校務・役割等についてもいろんな側面から評価・改善する（評価・改善管理担当）。
③ チームの基準や有している価値を遵守し，チームの卓越性を目指し維持する（維持担当）

さらに，重要な機能としては，
チームの業務を調整し統括する（結合担当）。

以上9の役割は，チームメンバー全員が担うことが望まれる。

3．チームマネジメントの問題

（1）コンフリクトへの恐怖

コンフリクトはチームのポジティブな要素であると考える。その恐れは，チームメンバーが互いに論争することへの恐れと，チームリーダーとの意見の不一致である。チームメンバーがリーダーやチームメイトと議論することを恐れている場合，チームのコンセプトは存在しないことになる。なぜなら，貢献するメンバーは1人だけであり，議論なしでは，新しいアイデアは生まれないからである。

チームにおけるコンフリクトへの恐れは，信頼の欠如，より具体的には脆弱性に基づく信頼に起因する。チームメンバーが互いの前で脆弱であることを恐れている場合，コンフリクトは操作的であり，他のメンバーを転覆して恥をかかすことも考えられる。しかし，チームメンバーがお互いに信頼しあい，互いの前で脆弱であることが認識できれば好都合であり，コンフリクト解決のための議論はより良い，より効果的な方法を追究することになる。

（2）コミットメントの欠如

チームメンバーがチームの意思決定にアイデアや情報を提供していない場合，チームの活動などが滞ることになり，そのメンバーが意思決定に不同意か，不承認を示すことになる。そのうえ，メンバーが意見を表明しない場合，潜在的なアイデアは顕在化することなく失われ，プロジェクト推進を補完すること

ができなくなる。

（3）説明責任の回避

　チーム内部のメンバーのアカウンタビリティ（accountability：説明責任）の回避は，チームメンバーが自分の行動の結果に責任を負わないことを意味する。メンバーがある意思決定に同意しない場合，決定の結果に責任を負う意志がないことになる。さらに，チーム内に信頼の欠如が存在する場合には，**ピア・ツー・ピアのアカウンタビリティ**（peer to peer accountability：共同の説明責任）が欠如する。チームメンバーは他のチームメンバーに対してアカウンタビリティを感じることがなければ，各メンバーの業務を十分に遂行することはできない。

　チームの各メンバーは各自の責任をお互いに果たさなければならず，チームの利益のために，またチームが成功するために常にその意思が働かなければならない。対立を恐れているチームリーダーは，メンバーの一人が間違いを犯したときにその責任を問うことを避ける可能性がある。**チームリーダーは，各メンバーに責任感を持たせてチームの責任感を感じさせ，間違いから学ぶという自信を深める必要がある。**そうでない場合，間違いは修正されず，さらに間違いが大きな問題につながり，結局，欠陥あるチームが発生する可能性がある。

（4）結果に対する不注意

　チームリーダーとチームメンバーが互いに責任を持っていない場合，チームの成果と，大きな成果を得るための仕組みがないため，目標を達成したかどうかの評価が存在しない。このような結果に対する不注意は，目的・目標の喪失を招き，チームの存在自体が疑問を呈することになる。

考　察

1　プロ野球の監督，コーチング・スタッフの構成は，1軍の場合，監督，ヘッドコーチ，チーフ兼守備走塁コーチ，作戦兼バッテリーコーチ，投手コーチ（2）*，打撃コーチ（2）*，内野守備走塁コーチ，外野守備走塁コーチ，トレーニングコーチ，その他に2軍の監督，コーチが配置されている。（2）*：2人配置

　このような監督・コーチの構成が学校の管理職，主任等の構成の相応関係について考察せよ。この問題において，1軍の監督・コーチの配置を参考として，例えば，小学校

の場合, 監督→校長, ヘッドコーチ→教頭…のように考察する。

小学校の場合と中学校の場合を考察する。

2 「生徒指導主事は, 校長の監督を受け, 生徒指導に関する事項をつかさどり, 当該事項について連絡調整及び指導, 助言に当たる」とされている (学校教育法施行規則第70条第4項)。この規定において, 生徒指導主事は, 生徒指導主任, 生徒指導部長などと称せられることが多い。生徒指導の業務内容は, ① 校務分掌上の生徒指導の組織の中心となり, 学校における生徒指導を組織的, 計画的に運営する責任を持つ。② 生徒指導を計画的かつ継続的に運営するため, 分担する校務に関する全校の教師間の連絡調整にあたる。③ 生徒指導上の専門的な知識や技術の担当者, 例えば, 学級活動, 生徒会活動, 学校行事, 生活指導などの担当者でなければならない。したがって, 学級活動を担当する学級担任などに対して, 指導・助言を行う。④ 必要に応じて, 生徒や家庭, 関係諸機関等に直接働きかけるなど問題解決にあたる役割を果たす。このような業務内容を考慮し, 「強み」の組合せ, スキルの組合せの観点から, 生徒指導部のメンバーの役割について構想してみよう。

■■ **参考文献**

スティーブン P. ロビンス『組織行動のマネジメント』高木晴夫訳, ダイヤモンド社, 2009年。

スティーブン P. ロビンス『マネジメント入門──グローバル経営のための理論と実践』高木晴夫訳, ダイヤモンド社, 2014年。

「目標達成するための チームマネジメント」(http://www.nipponmanpower.co.jp/ps/choose/textbook_pdf/team_management/sample.pdf).

Anita Leffel, Cory Hallam and John Darling, "Enhancement of Entrepreneurial Leadership: A Case Focusing on a Model of Successful Conflict Management Skills" Leffel, Hallam, & Darling DOI:10.5929/2012.2.2.2.2,13-25, 2012.

"Effective Team Management - The Secret of Team" (https://www.youtube.com/watch?v=Gp39lhald 4 k).

Eric Chong, "Role balance and team development: A study of team role characteristics underlying high and low performing teams" Institute of Behavioral and Applied Management, 2007.

John Undelow, Scott Bentley, "Team Management" ERIC Clearinghouse on Educational Management, Eugene,Oreg, 1989.

Richard L. Daft, *Organization Theory & Design*, 12th Edition, CENGAGE, 2015.

Stephen P. Robbins and Timothy A. Judge, *Organizational Behavior*, PEARSON, 2016.

"Team management" (https://en.wikipedia.org/wiki/Team_management).

第 9 章

カリキュラム・マネジメントと
「主体的・対話的で深い学び」
（アクティブ・ラーニング），情報活用能力

1 はじめに

　教員が，教育をつかさどる職務の主たるものは，教育課程編成，学習指導，生徒指導及び学級経営（高校の場合はホームルーム経営）である。この章では，カリキュラム・マネジメント，学習指導，「主体的・対話的で深い学び」（アクティブ・ラーニング），情報活用能力について取り上げる。

　教育課程とは，学校教育の目的や目標を達成するために，教育の内容を子供の心身の発達に応じ，授業時数との関連において総合的に組織した学校の教育計画であり，その編成主体は各学校である。各学校には，学習指導要領等を受け止めつつ，子供たちの姿や地域の実情等を踏まえて，各学校が設定する学校教育目標を実現するために，法令・学習指導要領等に基づき教育課程を編成し，それを実施・評価し改善していくことが求められる。これが，いわゆる「カリキュラム・マネジメント」である。

図9-1　生産年齢人口の推移

◆生産年齢人口は減り続け，2030年には2010年と比べ約8割
（総人口の約58％），2060年には約半数まで減少する見込み。

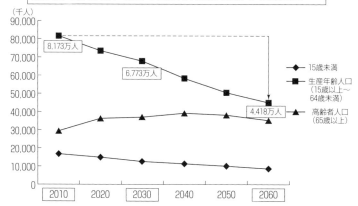

出所：文部科学省資料「教育課程企画特別部会　論点整理　補足資料（1）」より作成.

図9-2　深い学びと学力の関係

【質問項目】
調査対象学年の児童生徒は，学級やグループでの話合いなどの活動で，自分の
考えを深めたり，広げたりすることができていると思いますか。

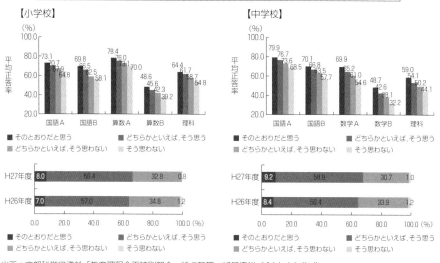

出所：文部科学省資料「教育課程企画特別部会　論点整理　補足資料（1）」より作成.

2 │ 学習指導要領，教育課程編成及びカリキュラム・マネジメント

1．教育課程の意義

高等学校の場合

　学校において編成する教育課程は，教育課程に関する法令に従い，<u>各教科・科目，特別活動及び総合的な学習の時間</u>についてそれらの目標やねらいを<u>達成</u>するように教育の内容を<u>課程や学科の特色等</u>に応じ，授業時数や<u>単位数</u>との関連において総合的に組織した各学校の教育計画である。

中学校の場合

　学校において編成する教育課程は，教育課程に関する法令に従い，<u>各教科（必修教科及び選択教科），「特別の教科　道徳」，特別活動及び総合的な学習の時間</u>についてそれらの目標やねらいを<u>実現</u>するように教育の内容を学年に応じ，授業時数との関連において総合的に組織した各学校の教育計画である。

小学校の場合

　学校において編成する教育課程は，教育課程に関する法令に従い，<u>各教科，外国語活動，「特別の教科　道徳」，特別活動及び総合的な学習の時間</u>についてそれらの目標やねらいを<u>実現</u>するように教育の内容を学年に応じ，授業時数との関連において総合的に組織した各学校の教育計画である。

2．教育課程に関する法制

① 教育課程と基準

　学校教育がその目的や目標の達成に向けて組織的，継続的に実施されていくためには，各学校において教育課程が編成されなければならない。学校は公教育として公の性質を持つものであるから，**全国的に一定の教育水準を確保し，全国どこにおいても同水準の教育を受けることのできる機会を国民に保障する**ことが要請されている。したがって，各学校において編成・実施される教育課程の必要性は，国として一定の基準を設け，国全体としての統一性を保つことにある。

② 教育課程に関する法令

教育基本法…教育の目的（第1条），教育の目標（第2条），教育の機会均等（第4条），義務教育（第5条），学校教育（第6条），政治教育（第14条）及び宗教教育（第15条）

学校教育法…小学校教育の目的（第29条），小学校教育の目標（第30条第1項），義務教育の目標（第21条），小学校の教育課程（第33条）

同法施行規則…学校教育法の規定に基づいて文部科学大臣によるいくつかの規定を設けている。小学校の教科（第24条，第24条の2），小学校の教育課程の基準「小学校の教育課程については，この節に定めるもののほか，教育課程の基準として文部科学大臣が別に公示する小学校学習指導要領によるものとする。（第25条）」

学習指導要領は同法施行規則第25条の規定に基づいて，文部科学大臣が告示という形式で定めている。各学校における教育課程の編成・実施に当たっては，これに従わなければならない。

地方教育行政の組織及び運営に関する法律には，教育委員会は，学校の教育課程に関する事務を管理，執行し（第23条第5号），法令又は条例に違反しない限度において教育課程について必要な教育委員会規則を定めるものとする（第33条第1項）と規定されている。

3．教育課程の編成主体

学習指導要領「第1章　総則　第1教育課程編成の一般方針」において「1 各学校においては，…適切な教育課程を編成するものとし，これらに掲げる目標を達成するよう教育を行うものとする」と示している。学校において教育課程を編成するとあるのは，学校教育法第37条第4項にある規定「校長は，校務をつかさどり，所属職員を監督する」により，校長が学校の長たる責任者として編成するということである。もちろん，これは，権限と責任の所在を示したものであり，学校は組織体であるから，教育課程の編成作業は，当然ながら全教職員の協力の下に行われることになる。

各学校において，校長は，地域や学校の実態を十分考慮し，児童生徒の発達段階や特性に留意し，教育基本法，学校教育法をはじめ各種の法規，学習指導要領，更に都道府県及び市町村教育委員会の基準，指導・助言に従い，教育目

標・教育内容を選定するとともに，教科等を編成する。

4．教育課程編成の原則

①　法令及び学習指導要領に従う（教育基本法，学校教育法など）。

　学習指導要領とは，学校教育法に基づく学校教育法施行規則の委任により文部科学大臣が告示するもので，各学校における教育課程編成及び実施に当たっての**基準**，すなわち**大綱的基準**となるものである。

②　生徒の人間として調和のとれた育成を目指す。

③　地域や学校の実態を十分配慮する。

④　課程や学科の特色を十分考慮する。

⑤　生徒の心身の発達段階及び特性等を十分考慮する。

　以上の5点が考えられるが，平成29（2017）年3月公示の学習指導要領改訂においては，学校教育を通じて育てたい子供像と「生きる力」の理念の具体化を教育課程の課題としてとらえ，その改善を求めている。

5．教育課程の構造

　　教育課程＝教科・科目＋外国語活動（小学校3・4年）＋「特別の教科　道徳」(小・
　　　　　　中）＋総合的な学習の時間＋特別活動

6．教育課程とカリキュラム

　カリキュラム（curriculum）は，ラテン語の語源では，競争路のコースを意味し，含意として「人生の来歴」の意味もあり，転じて学校で教えられる教科目やその内容及び時間配当など，学校の教育計画を意味する用語となった。戦前，小学校では「教科課程」，1951（昭和26）年の学習指導要領から**「教育課程」**の用語を使用している。

　一般的には「教育課程」は国家的「基準」をはじめ地方教育委員会の示す地域レベル及学校レベルまで制度化された「公的な教育課程」を指すが，目には見えない潜在的なカリキュラムを含む広義の教育課程を**「カリキュラム」**と呼んでいる。

　カリキュラムの概念は教育課程と同様に「学校教育における児童生徒の経験の総体」と捉え，顕在カリキュラムと潜在カリキュラムに分類されている。顕在的カリキュラムには，意図，実施，達成のカリキュラムが考えられる。教育課程とは，教育計画であり，意図されたカリキュラムである。

　潜在的カリキュラムには，公の教育知識を選択・正当化・配分，伝達したりすることと，これらの知識の受容過程を背後で規定する価値・規範・信念の体系が考えられる。具体的には，社会の統制や階級的不平等を再生産するのに好都合な価値内容すなわち，規則，規制，慣例，生活に必要な諸規範などをいう。さらに，教師が無意識に伝え，児童生徒が無自覚に学習する価値内容すなわち，学校建築，教室空間，制服，儀式的行事，校歌等をいう。

　教員が自らカリキュラムづくりをし，学校が独自にカリキュラムづくりをするとき，学校内外の環境を分析することが第1のステップである。外部環境からは，学校教育に寄せられる社会的要請や期待を把握し，また，カリキュラム

図9-3　カリキュラム開発のイメージ図

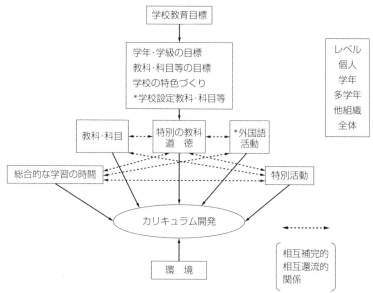

注：＊学校設定教科・科目は，高等学校のみ，また「特別の教科　道徳」は高等学校にはない。
　　この図においては，教科・科目の中に「特別の教科　道徳」を含む。

を展開するのに必要な内部環境については，カリキュラムを展開するのに必要
な条件が整っているかどうかを事前に見積もっておくことは大切である。内部
環境として，生徒の特性，能力，ニーズ，教員の価値観，知識，経験，学校の
雰囲気，学校の政治構造，資料の蓄積，施設設備，現行カリキュラムの不十分
な点，が挙げられる。特に，現行カリキュラムの不十分さは，カリキュラム開
発の出発点となり，また他の内部環境のデータ化を図り，これらを含めて分析
する。したがって，カリキュラム・マネジメントは，A（action）→P（plan）
→D（do）→C（check）→A（action）…のマネジメントサイクルによって行われる。
　カリキュラムの開発は個人や集団で行われる。以下はそれぞれの場合につい
て説明する。

① 個人レベル…教員が教科目，学級活動を担当するとき，その学習指導案の
　　　　　　　作成は，カリキュラム開発であり，その1単位時間の授業の
　　　　　　　中で，形成的評価を行い，改善し次回の授業のカリキュラム
　　　　　　　開発に生かすこととなる。
② 学年レベル…教員が教科目，学級活動を担当するとき，教科内容の選択，
　　　　　　　配列や，学年単位で取り組む学級活動などの場合，同一学年
　　　　　　　担当者が協議し，カリキュラム開発を行う。
③ 多学年レベル…教科毎に，多学年を見通した教科内容の選択，配列を行う
　　　　　　　　ため多学年担当者が協議をし，カリキュラム開発を行う。
④ 他の分掌組織のレベル…例えば，分掌部である進路指導部が行うガイダン
　　　　　　　　　　　　ス機能としての生徒の進路学習は，該当学年と進
　　　　　　　　　　　　路指導部協働での特別活動の学級活動として，カ
　　　　　　　　　　　　リキュラム開発を行っている。
⑤ 全体のレベル…総合的な学習の時間や特別活動としての学校行事等は，全
　　　　　　　　教職員が行うカリキュラム開発になる。

図9-4　カリキュラム・マネジメントのイメージ図

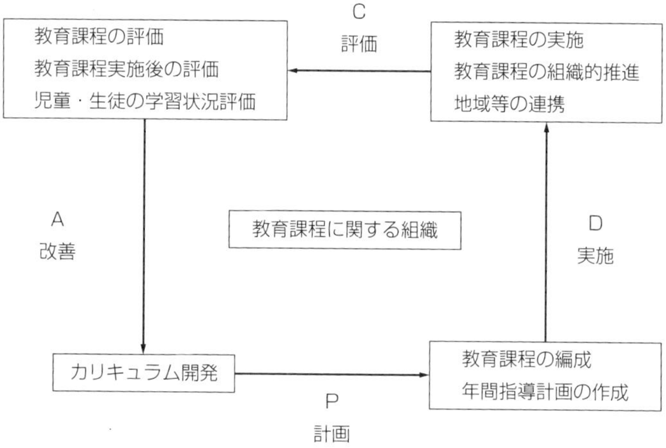

```
┌─────────────────────┐        C        ┌─────────────────────┐
│ 教育課程の評価        │       評価       │ 教育課程の実施        │
│ 教育課程実施後の評価   │ ◀────────────── │ 教育課程の組織的推進   │
│ 児童・生徒の学習状況評価│                 │ 地域等の連携          │
└─────────────────────┘                  └─────────────────────┘
          │                                          ▲
    A     │        ┌─────────────────┐         D     │
   改善    │        │ 教育課程に関する組織 │        実施    │
          ▼        └─────────────────┘               │
┌─────────────────┐                      ┌─────────────────────┐
│ カリキュラム開発   │ ──────────────────▶ │ 教育課程の編成        │
└─────────────────┘          P           │ 年間指導計画の作成     │
                            計画          └─────────────────────┘
```

図9-5　育成すべき資質能力の3つの柱を踏まえたカリキュラム・
　　　　デザインの概念（イメージ図）

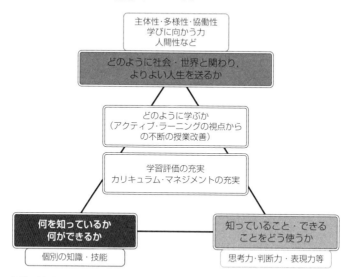

出所：文部科学省資料「教育課程企画特別部会　論点整理　補足資料（1）」より作成。

　「どのように社会・世界と関わり，よりよい人生を送るか」については，主体性・多様性・協働性・学びに向かう力・人間性などの資質・能力の育成が必要である。また，「何を知っているか，何ができるか」については，個別の知識・技能などの資質・能力の育成が必要であり，「知っていること・できることをどう使うか」については，思考力・判断力・表現力等の資質・能力の育成が必要である。そして，その資質・能力3つの柱を機能させる方法として，「『主体的・対話的で深い学び』（アクティブ・ラーニング）の視点からの不断の授業改善」と「カリキュラム・マネジメントの充実」が求められるのである。

3 学習指導と「主体的・対話的で深い学び」（アクティブ・ラーニング）

1．教科指導の基本的な考え方

　学校教育の中で，教科指導のもつ意義は，先人が創り出し蓄積してきた文化（科学・技術・芸術など）の基礎を児童生徒に系統的に習得させるとともに，よりよい社会を形成するための知識やものの見方や感じ方，考え方を身に付け，個性や創造性を発揮しながら生きていく資質や能力を育成することにある。

　自ら学び自ら考えるなどの「生きる力」を育成するためには，指導方法の一層の改善に努め，基礎・基本の徹底による学力の充実・向上と個性を生かす教育を推進しなければならない。そのため，教師は能力・適性，興味・関心等が異なる児童生徒一人ひとりの特性を理解し，指導方法や指導体制を工夫改善し，個に応じた指導を行うことが必要である。

　学習の主体は児童生徒であり，教師の役割は児童生徒の主体的な学習を通して，目標を達成できるように適切な指導を行うことである。

（1）基礎・基本の確実な定着

　「生きる力」を育成する上で，基礎・基本の確実な定着は，欠くことができない要素である。教育課程審議会答申（平成12年）によると「基礎・基本には，知識や技能だけでなく，自ら学ぶ意欲や思考力，判断力，表現力も含まれる」と示されている。つまり，学習指導要領に示す各教科等の知識や技能とともに，

学ぶ意欲や思考力，判断力，表現力も併せて，基礎的・基本的な内容であるといえる。したがって，基礎的・基本的な知識・技能を繰り返し教えるなど指導方法を工夫して確実に身に付けさせるとともに「自ら学び，自ら考える力」を育成することが必要である。そのためには，児童生徒が自ら課題を見付け，追究し，解決するという学習過程を授業において具体化し，学ぼうとする意欲・態度，思考力，判断力，表現力などを育成することが重要である。

（2）個に応じた指導

個に応じた指導には，そのねらいから見て2つの側面がある。

第1は，児童生徒が学習内容を確実に習得することができるようにするため，個に応じた指導を充実することである。

第2は，児童生徒の関心や興味，ものの見方，考え方，感じ方の違いを個の持つよさや可能性ととらえ，それらを伸ばし，自ら学び自ら考える力を高めるため個に応じた指導を充実することである。

児童生徒一人ひとりの特性を的確に把握し，個に応じた多様な指導方法を工夫改善することが必要である。

（3）主体的な学習態度の育成

児童生徒が主体的に学ぶ力を身に付けるためには，まず，学習に対する興味を引き出すことが重要である。そのためには，教材や題材にかかわる児童生徒の実態を十分に考慮し，個に応じた目標を設定することにより成就感を味わえるようにするなどして，主体的に取り組んでいこうとする意欲・態度を育てる必要がある。

また，児童生徒が互いのよさを認め合い，協力し合って学習することは，自己存在感や自己実現の喜びを実感し，自ら学習する意欲や最後までやり遂げるという意志の力などを育てることにつながる。

（4）適切な指導過程の工夫

児童生徒一人ひとりが主体的に学ぶ力を身に付けるとともに，論理的思考力や判断力，表現力などを培うためには，体験的な学習や問題解決的な学習を導入するなど適切な指導過程を工夫することが必要である。

　また，児童生徒の達成状況を基に指導の評価を行い，指導の工夫・改善に生かすことも必要である。特別支援学校においては，障害により，児童生徒の全体像やプロフィール，生活の様子，授業に対する関心・意欲・態度などを把握するのが困難な場合がある。学習指導を行う際には，適宜実施した各種の調査や検査を参考に，きめ細かな日常観察による判断を指導に反映させていくことが大切である。

２．学習指導の基本的な在り方

（1）教科の目標や内容の把握

　学習指導要領に示された目標・内容をよく理解し，各教科・科目のねらいがどのような資質や能力の育成を目指しているのかを十分把握して指導することが大切である。同時に，地域や学校の実態を考慮し，児童生徒の心身の発達段階や特性に応じて基礎的・基本的な内容を確実に身に付けさせるため多様な指導方法を工夫しなければならない。

（2）綿密な指導計画

　限られた授業時数の中で目標を達成するためには，学校や地域の実態を考慮し，教材・教具の活用や，各教科・科目及び各学年相互の関連を図り，年間指導計画や単元（または題材，教材）指導計画を立てなければならない。この計画を週案に整理し，さらに１時間ごとの学習指導案を作成し，計画的・効果的な指導を進めることが大切である。同時に評価計画を立て，指導と評価の一体化を図ることが必要である。

（3）学習指導案の立て方

　学習指導案は授業の設計図であり，単元指導計画を踏まえ，１時間ごとの指導のねらいや内容を明らかにし，児童生徒がどのような学習活動を展開し，結果としてどのような教育効果を期待するかを具体的に示したものである。学習指導案を立てる際には，特に次の点に留意しなければならない。

① 授業のねらいをはっきりさせる

　目標のあいまいな授業からは大きな成果を期待することはできない。単元（題材・教材）目標との関連を明らかにしながら，毎時間の授業のねらいを具体的

かつ明確にして，授業に臨まなければならない。授業においては，教科書における「単元内容」や「テスト内容」などは実態を伴わない要素と，教科書や教具（道具，実習用具）などは実態を伴う持つ要素から構成されており，いずれも「教材」を意味する。この教材の「位置づけ」や「意義」といった教授者が持つ「教材に関する考え方・捉え方」のこと，すなわち，この教材を学習することにより期待される効果，指導仮説（教師の思い）を**教材観**という。明確な教材観を持つことは，効果的な授業につながる。

② 児童生徒の実態を的確にとらえる

個々の児童生徒の学力や学習意欲，興味・関心などを的確にとらえる（児童・生徒観）ことによって目標の焦点化，指導の具体化を図る。それによって，個を生かす学習指導も可能となる。

③ 指導方法を工夫する

教材開発，指導過程，指導形態，ICTの活用，発問や助言の仕方，板書計画，ノート指導など具体的な指導方法を工夫する（指導観）。

④ 成果の評価方法を検討し，工夫する

児童生徒が，授業内容をどのように，どの程度理解しているかを知ることは，効果的な授業展開のために大変重要なことである。児童生徒が確かな学力を身に付けられるように，指導の前後及び指導の過程や結果における評価方法を工夫・改善し，指導と評価の一体化を図る。

（4）学習指導案の形式

学習指導案は，略案と細案に分けられる。略案は指導の要点を簡略に記したもので，主として日常の授業で用いられ，日案，週案，月案などがある。細案は1時間の授業の展開を詳細に記したもので，主として授業研究（lesson study）を行う場合などに用いられる。

（学習指導案の基本形式）

第　学年　　科学習指導案

指導者（所属）　○○○○
（指導担当教員　○○○○）

1．日時　令和　年　月　日（　曜）第　校時（　：　～　：　）
2．学年・組　第　学年　組　計　　名

3．場所　第　学年　組　教室

4．単元名

5．単元の目標

6．単元の評価規準

関心・意欲・態度	思考・判断・表現	技　　能	知識・理解
～に関心や意欲を持っている／態度に表れている	～について考え，判断できる／表現することができる	～について意見を発表できる	～について説明できる

7．単元（教材）について【教材観】

8．児童・生徒について【生徒観】（例文）

　学級は明るく活発である。学習において意欲的に取り組む姿が見られる。積極的に自分の意見を発表する生徒がいる一方で，間違うことを恥ずかしく思う生徒や自信がなくて消極的になりがちな生徒も多い。～など

9．指導について【指導観】

　本時においては、………

10．指導計画（全　時間）

11．本時の目標

① 本時の目標

② 本時の展開　　　　　　　　　　　　　　　○主なる指示・発問　■評価

区分	学習活動と内容 （予想される児童生徒の反応）	指導上の留意点・支援・評価 （教師の活動）	準備物・資料等
導入			
展開			
まとめ			

③ 評価（の観点と方法）

④ 板書計画

⑤ 準備物（ICT機器含む）

教師：

児童生徒：

（5）個に応じた指導の充実

　個に応じた指導として，学習内容を確実に習得させる「指導の個別化」及び児童生徒の興味や関心，意欲など自ら学び自ら考える力を高める「学習の個性化」がある。

　「指導の個別化」は，児童生徒の学習速度や達成度，習熟度の違いなどに考慮した個に応じた指導のことである。基礎的・基本的な内容の確実な定着を主眼として，共通の学習目標を達成するために，個に応じた学習内容及び学習方法を設定するものである。

　「学習の個性化」は，児童生徒一人ひとりの興味・関心やものの見方，考え方，感じ方等の違いを個性的な人間形成につながる可能性としてとらえ，尊重し，伸ばし，生かす指導のことである。そのためには，学習方法や学習過程を個別化したり，学習の題材を選択したりする工夫が考えられる。

　「指導の個別化」や「学習の個性化」による個に応じた指導を行う具体的方策としては，指導形態（一斉指導，グループ別指導，個別指導等）の効果的な組合せ，繰返し指導，教材の開発と工夫，学習課題の選択，学習コースの選択，教師の発問や板書など指導方法の工夫，指導体制（ICT活用含む）の工夫，評価の工夫などが考えられる。こうした学習を進めるためには，児童生徒の主体的な学習態度や前向きな学級・講座の雰囲気づくり，さらに，児童生徒との信頼関係の確立などが必要になってくる。その際，指導前に個々の児童生徒の個性や学習状況を把握する必要がある。授業の場だけで指導しようとしても思い通りには進まない。

　事前の準備として，児童生徒一人ひとりの特徴を正しく，しかも多面的にとらえておく必要がある。例えば，学習の記録以外にも標準化された検査や適性検査などの各種検査，作品やノート・日誌なども個人の特徴をとらえるのに役立つものである。

　しかし，事前に綿密な資料を準備しても，学習過程での一人ひとりの行動を完全に予測することは難しい。指導の過程でも個々の状況の把握が必要となる。指導中に児童生徒の反応を見ながら，授業展開の手順や方法を考えて，補助的な説明や発問を追加するなどの手立てが必要である。

（6）発展的な学習と補充的な学習

　児童生徒の理解や習熟の状況等に応じ，発展的な学習や補充的な学習により個に応じた指導の充実を図ることも必要である。

　発展的な学習では，学習指導要領に示す内容を身に付けている児童生徒に対して，学習指導要領に示す内容の理解をより深める学習を行ったり，さらに進んだ内容についての学習を行ったりするため，指導内容を適宜工夫することが求められる。その際，学習指導要領に示す内容と全く関連のない学習や児童生徒の負担過重となるような指導にならないように留意しなければならない。

　補充的な学習では，学習指導要領に示す基礎的・基本的な内容の確実な定着を図るため，様々な指導方法や指導体制の工夫改善を進めることが重要である。例えば，繰り返し指導を行う場合でも，多様な教材を用意したり，同じ内容を別の場面，別の方法などで学び直させたりするなど多面的な学習による補充を行うことが大切である。

（7）指導形態

　指導形態は，学習内容の定着を左右する極めて大切なものである。したがって，授業の目標，教材の種類や内容，児童生徒の実態をよく把握して，最も適切な指導形態（ICT活用含む）を採用し，効果的な学習が行えるように工夫することが大切である。

① 一斉指導

　同一の教材によって，学級・講座全部の児童生徒を対象にして進める指導形態である。教師が説明したり，児童生徒と問答をしたり，意見を出し合ったりして，全員で同じ内容の学習を進める。

② グループ指導

　同一教材あるいは異なる教材によって，学級・講座を幾つかのグループに分け授業を進める形態である。児童生徒相互のコミュニケーションが図られ，集団の機能が生かされる。指導に際しては，グループでの学習状況の把握や各個人への支援などに配慮が必要である。

（グループ学習の類型）

情報交換活動 { 自由討議型
ブレーンストーミング型　評価検討活動 { 結論推考型
グループ討議
検討型

研究調査活動 { 役割分担型
課題選択型
発見様式型

劇・作業・制作・練習・ゲーム等 { 共同型
共通型

③ 個別指導

　同一教材あるいは異なる教材によって，児童生徒を個別的に指導する指導形態である。個々の児童生徒の実態に合わせて指導することができる。

　なお，共通の目標を達成することを前提として，個に応じた指導を進める方法である「指導の個別化」は，個性の重視が要請される中で，より一層の工夫を加えることが必要である。

④ 少人数授業

　少人数授業とは，国語，算数（数学），理科，英語等において，通常の学級（生活集団）とは別に20人程度の少人数グループ（学習集団）を設定して授業を展開することであり，個に応じたきめ細かな指導により基礎学力の充実・向上を図ることと，児童生徒一人ひとりの特性をしっかりと見つめ個性を生かす教育の推進を図ることをねらいとしている。そのためには，各学校の創意工夫により，児童生徒の興味・関心に基づく課題別学習や習熟の程度に応じた学習活動の充実を図ることが大切である。

⑤ チームティーチングによる指導

　チームティーチングとは，個に応じた多様な教育を推進するため複数の教員がチームを組み，それぞれの持ち味を生かして協力し合いながら，一人ひとりの児童生徒の個性によりきめ細かく，より幅広く対応する指導方法である。

　現在実施されている一般的な指導形態としては，一斉指導援助型，学習コース別分担型，授業過程分担型・学習場所分担型，習熟の程度に応じた分担型等がある。

　少人数授業やチームティーチングにおいては，習熟の程度に応じて学級の枠

を超えた学習集団を編成して行うなど指導の工夫により，基礎的・基本的な内容を確実に身に付けさせることができる。

　チームティーチングについては，「第6次公立義務教育諸学校教職員配置改善計画」により平成5年度から，少人数授業については，「第7次公立義務教育諸学校教職員配置改善計画」により平成13年度から，小・中学校に加配教員が配置されている。

　⑥　特別非常勤講師等による指導

　特別非常勤講師等による授業を積極的に実施したり，保護者や地域の人々の協力を得たりすることも大切である。

（8）主体的・対話的な探究学習の促進

　変化の激しい社会を生きる資質・能力の育成や，生涯にわたる学習の基礎を培うためには，自ら学び自ら考える力の育成を重視した教育を行い，自ら学ぶ意欲を高め，「主体的」に学ぶ力を身に付けさせるとともに，論理的な思考力や判断力，表現力などの能力の育成を図ることは，極めて重要である。このような資質や能力を育成するために，体験的な学習や問題解決的な学習など児童生徒が主体的にかかわる学習の充実が求められている。このため，各教科等において，自然体験，観察・実験，調査，見学，課題学習，ICTを活用したプレゼンテーションなどの活動を一層重視し，内容の改善を図ることが必要である。

　その意義は，体験的な学習や問題解決的で「対話的」な学習は，児童生徒に学ぶことの楽しさや成就感を体得させ，自ら学ぶ意欲を高め，主体的に学ぶ態度や学び方を身に付けさせる上で有効である。また，体験的な学習や問題解決的で「対話的」な学習を通して獲得した知識や技能は，定着率が高く，実践的な能力が獲得でき，自ら学び自ら考える力を高めることができる。

　これらの意義を踏まえ，体験的な学習や問題解決的な学習を発達段階に応じ，じっくりとゆとりをもって取り組めるように計画することが望まれる。各教科等において習得すべき知識や技能もこれらの主体的な学習を通じて，児童生徒一人ひとりの学習や生活に総合的に働くようになるものと考えられる。

　実施すれば，体験的な学習では「なすこと」と「考えること」とが一体となって働き，学習への関心・意欲を高め，学習後の満足感を体得できる。体験的な学習を一層効果的なものにするために，体験をその場限りのものにするのでは

なく，事前事後の学習を工夫するなどして，より「深い学び」へと有機的・発展的につなげていくことが必要である。

　問題解決的な探究学習では，学習の過程を形式化したり，教師の指示による活動に偏らないようにすることが必要である。そのために，問題設定の在り方，学習過程の弾力化，多様な学習活動の組合せなど意欲的・主体的に問題解決に取り組む態度や能力を養えるように工夫していきたい。このような学習を展開する際には，そのねらいや目標等を明確にし，前後の指導との関連を十分に配慮した指導計画を立て，興味・関心を生かした学習指導を展開することが大切である。児童生徒の興味・関心を生かすことは，学習意欲を喚起し，自主的・自発的な学習を促すことにつながる。指導に当たっては，学習の目的の自覚を促し，進歩の状況の意識化を図り，進んで学習しようとする態度を育てるように配慮する。

　主体的・対話的な探究学習の充実は，学習の対象や方法への興味や関心を高めたり，場面に応じて自ら考え判断する力を育てたりする重要な役割を果たすことにつながる。

　価値あるものに直接触れたり，学習の内容や方法を生活と結び付けたりする体験的な学習活動では，実際的な場面で，自ら考え工夫することから，学習する内容の価値を実感できるようになる。

　また，問題解決的な学習は，学びの中でもった学習課題を個人やグループで試行錯誤する学習過程を設定することで，知的好奇心や探究心を喚起し，「学び」と「その振り返り」を繰り返し，児童生徒の興味・関心や意欲を持続させつつ課題解決の方向へと導くことが容易になる。

　そのため，各教科において，観察・実験，調査，見学，ICTを活用した課題学習などの活動を一層重視することが求められている。学習指導要領において，例えば，国語科では説明や討論など言語活動例を示し，社会科では学び方を学ぶ学習，算数（数学）科では算数（数学）的活動や課題学習，理科では日常生活との関連を図り，目的意識をもった観察・実験や探究的な活動を充実するように示されている。

　このような学習活動は，特定の教科等にとどまらず学校教育全体を通じて重視し，その充実を図ることが大切である。

　留意点としては，以下のことが考えられる。

　このような学習を学校教育全体を通じて取り組むためには，指導内容の精選を図り，教材，指導形態，授業時数の運用などに創意工夫を加え，指導計画に積極的かつ適切に位置付けることが必要である。その際，教師は様々な気付きを促し，児童生徒が最後まで取り組めるよう共に学び考え，励ますことが大切である。なお，これらの「主体的・対話的で深い学び」を展開するに当たっては，学習の内容と児童生徒の発達段階に応じて安全への配慮を十分に行わなければならない。

（9）発問と助言

　発問や助言は，様々な個性をもつ児童生徒の気付きや思考活動を促すために特に工夫が必要である。また，児童生徒の発言を活発にするためには，学級・講座の誰もが発言しやすい雰囲気をつくることが何よりも重要である。

① 【発問・助言の基本】

○　指導目標を具体的に押さえ，個々の児童生徒の学習状況を正しく把握して行う。

○　発問の意図を明確にし，分かりやすい言葉を用いる。

○　個々の児童生徒の反応を見て，発問を修正する。

② 【発問・助言の種類】

○　動機付けの発問，学習意欲を喚起する発問・助言

○　児童生徒の既有の知識や書かれていることの確認のための発問

○　新たな疑問や問いを起こさせる発問・助言

○　児童生徒の感性をゆさぶり，学習意欲を持続させる発問・助言

③ 【発問・助言についての留意点】

○　児童生徒の学習状況を把握するとともに，教材に対する疑問や問題意識，興味などを把握し，発問に生かすようにする。

○　発問や助言は，児童生徒の反応を予想し，組立てを考え，計画的に構成し，反応を見ながら臨機応変に対応することが大切である。

○　一問一答でなく，一つの発問や助言でいろいろな考え方や答えが生まれたり，児童生徒間の問答が始まったりするような，いわゆる一問多答や一問多問答などになるよう工夫することも大切である。

○　即答が期待できる児童生徒だけを対象にした発問にならないように配慮する。

○　発問や助言によって児童生徒の思考活動を促すためには，様々な発想を受け入れ，意欲

を高め，次の発問や助言につないでいくことが大切である。

(10) 板書（電子黒板）

　板書は，学習指導の一環として，分かりやすい授業を進めていくための大切な要素の一つであり，前述の発問と関連付けながら，授業の展開が把握できるようにすることが必要である。

　板書については，次のような点に留意する。

○　その時間に行う授業の中心的な目標を書く。

○　学習意欲の高まりを意図して，児童生徒の発言内容などを書く。

○　授業の最後にまとめができるように文字の配置をよく考えて書く。

○　図解や図式，色チョークによる強調などの工夫をする。（色覚障害のある児童生徒がいれば配慮する。）

○　児童生徒の発達段階に応じて，板書速度・文字の大きさなどに配慮する。

○　正しい筆順や仮名遣いで，誤字・脱字・略字がないように注意して楷書で丁寧に書く。

○　必要に応じて板書した事柄をノートに整理・記録させる。

○　電子黒板では，PC等に繋いで画面を拡大表示し，それを直接，手やペンで操作することが可能である。

(11) 実習・実技を伴う授業の充実

　実習・実技を伴う授業は，児童生徒の身体と頭脳を通した学びの場である。具体物や具体的活動を伴うこの学びの場では，誰もが学習への第一歩を踏み出しやすく，踏み出した第一歩によって感じた「疑問」「驚き」「感動」などが，授業内容への意欲や見通しをもたせて，更には主体的に学習課題を認識することを容易にする。

　新しい学習課題や場面に直面した児童生徒が，自ら探究を始め，経験や知識のすべてを使ってかかわろうとする学習の中で，経験の蓄積や知識の再構築がなされ，そこで得られた「わかった」という発見の喜びが次の学習への自信につながる。

　このように具体性をもつ学習活動は，児童生徒相互や教師との交流をも充実させ，主体性を養い，一層豊かな学びをもたらすことから，その充実を図ることが大切である。

図9-6　学習指導要領改訂と育成すべき資質能力のイメージ図

新しい時代に必要となる資質・能力の育成

① 「何を知っているか，何ができるか（個別の知識・技能）」
　　各教科等に関する個別の知識や技能など。身体的技能や芸術表現のための技能等も含む。
② 「知っていること・できることをどう使うか（思考力・判断力・表現力等）」
　　主体的・協働的に問題を発見し解決していくために必要な思考力・判断力・表現力等。
③ 「どのように社会・世界と関わり，よりよい人生を送るか（人間性や学びに向かう力等）」
　　①や②の力が働く方向性を決定付ける情意や態度等に関わるもの。以下のようなものが含まれる。
・主体的に学習に取り組む態度も含めた学びに向かう力や，自己の感情や行動を統制する能力など，いわ
　ゆる「メタ認知」に関するもの。
・多様性を尊重する態度と互いの良さを生かして協働する力，持続可能な社会作りに向けた態度，リーダー
　シップやチームワーク，感性，優しさや思いやりなど，人間性に関するもの。

何ができるようになるか

育成すべき資質・能力を育む観点からの
学習評価の充実

何を学ぶか	**どのように学ぶか**
育成すべき資質・能力を踏まえた教科・科目等の新設や目標・内容の見直し	アクティブ・ラーニングの視点からの不断の授業改善
◆グローバル社会において不可欠な英語の能力の強化(小学校高学年での教科化等)や，我が国の伝統的な文化に関する教育の充実	◆習得・活用・探究という学習プロセスの中で，問題発見・解決を念頭に置いた深い学びの過程が実現できているかどうか
◆国家・社会の責任ある形成者として，また，自立した人間として生きる力の育成に向けた高等学校教育の改善（地理歴史科における「地理総合」「歴史総合」，公民科における「公共」の設置等，新たな共通必履修科目の設置や科目構成の見直しなど抜本的な検討を行う。）等	◆他者との協働や外界との相互作用を通じて，自らの考えを広げ深める，対話的な学びの過程が実現できているかどうか
	◆子供たちが見通しを持って粘り強く取り組み，自らの学習活動を振り返って次につなげる，主体的な学びの過程が実現できているかどうか

出所：文部科学省資料「教育課程企画特別部会　論点整理　補足資料（1）」より作成。

3．学習指導要領改訂の視点

　学習指導要領改訂の視点については，3つの柱から考えることができる。「何
ができるようになるか」については，個別の知識・技能，思考力・判断力・表
現力等，人間性や学びに向かう力を基礎とした「メタ認知」に関するもの，多
様性を尊重する態度や互いの良さを生かして協働する力，リーダーシップや
チームワーク，優しさや思いやりなど，人間性に関するものなどの資質・能力
の育成が必要である。「何を学ぶか」については，グローバル社会において不
可欠な英語の能力の強化，我が国の伝統的文化に関する教育など，教科・科目

等の新設や目標・内容の見直しを踏まえた資質・能力の育成が必要であり，「どのように学ぶか」については，習得・活用・探究という学習プロセスの中で，問題発見・解決を念頭に置いた深い学びの過程が実現できているかどうか，他者との対話的な学びの過程が実現できているかどうか，子供たちが見通しを持って粘り強く取り組み，主体的な学びの過程が実現できているかどうかを常に問い，「**主体的・対話的で深い学び**」（アクティブ・ラーニング）の視点からの不断の授業改善が必要である。

4．「主体的・対話的で深い学び」（アクティブ・ラーニング）

「**主体的・対話的で深い学び**」（アクティブ・ラーニング）は，形式的に対話型を取り入れた授業や特定の指導の型を目指した技術の改善に留まるものではなく，子供たちの質の高い深い学びを引き出すことを意図するものであり，さらに，それを通してどのような資質・能力を育むかという観点から，学習の在り方そのものの問い直しを目指すものである。文部科学省の定義では，「**主体的・対話的で深い学び**」（アクティブ・ラーニング）は，「教員による一方向的な講義形式の教育とは異なり，学修者の能動的な学修への参加を取り入れた教授・学習法の総称。学修者が能動的に学修することによって，認知的，倫理的，社会的能力，教養，知識，経験を含めた汎用的能力の育成を図る。発見学習，問題解決学習，体験学習，調査学習等が含まれるが，教室内でのグループ・ディスカッション，ディベート，グループ・ワーク等も有効なアクティブ・ラーニングの方法」である。

また，「**カリキュラム・マネジメント**」は，学校の組織力を高める観点から，学校の組織及び運営について見直しを迫るものである。その意味において，「**主体的・対話的で深い学び**」（アクティブ・ラーニング）と「**カリキュラム・マネジメント**」は，授業改善や組織運営の改善など，学校の全体的な改善を行うための鍵となる2つの重要な概念として位置付けられるものであり，相互の連動を図り，機能させることが大切である。教育課程を核に，授業改善及び組織運営の改善に一体的・全体的に迫ることのできる組織文化の形成を図り，「**主体的・対話的で深い学び**」（アクティブ・ラーニング）と「**カリキュラム・マネジメント**」を連動させた学校経営の展開が，それぞれの学校や地域の実態を基に展開されることが求められる。

　これからの教員には，学級経営や幼児・児童・生徒理解等に必要な力に加え，教科等を越えた「カリキュラム・マネジメント」のために必要な力や，「主体的・対話的で深い学び」（アクティブ・ラーニング）の視点から学習・指導方法を改善していくために必要な力，学習評価の改善に必要な力等が求められる。教員一人ひとりが社会の変化を見据えながら，これからの時代に必要な資質・能力を子供たちに育むことができるよう，教員の養成・採用・研修を通じて改善を図っていくことが必要である。

　つまり，「主体的・対話的で深い学び」（アクティブ・ラーニング）とは，「教員による一方向的な講義形式の教育とは異なり，学修者の能動的な学修への参加を取り入れた教授・学修法の総称」（文部科学省，2012）である。また，「主体的・対話的で深い学び」（アクティブ・ラーニング）の実現とは，特定の指導方法のことでも，学校教育における教員の意図性を否定することでもない。教員が教えることにしっかりと関わり，子供たちに求められる資質・能力を育むために必要な学びの在り方を絶え間なく考え，授業の工夫・改善を重ねていくことである。「主体的・対話的で深い学び」（アクティブ・ラーニング）の技法は，以下のようなものがある。

　　　・Think–Pair–Share
　　　・ジグソー法
　　　・ポスターツアー
　　　・ピア・インストラクション
　　　・PBL

　PBL（Project-Based Learning）は，一定期間内に一定の目標を実現するために，生徒が自立的・主体的に自ら発見した課題に取り組み，それを探究するためにICTを活用したプレゼンテーションなど，チームで協同してプロジェクトを遂行する創造的・社会的な学びである。次のような能力をはぐくむ。

　　　企画力
　　　創造力
　　　課題探究力
　　　コミュニケーション力

批判的思考力

プレゼンテーション力

ICT活用能力

その特徴は以下のようなものである。

- ・数人の生徒で1つのグループ（6〜9人）を作り，学習に取り組む
- ・予備知識に関わらず取り組むべき問題事例が示される
- ・グループで問題解決のための学習計画を立てる
- ・授業時間外に個人で自己学習を進める
- ・学習に必要な学習資源（文献・資料）も自分で適切なものを選択する

　PBLを経験した生徒からは，「仲間が増えた」「ICTを活用したプレゼンがうまくなった」「自分で調べ物ができるようになった」「学習が楽しくなった」という声が聞かれる。なぜなら，その主な点として，PBLは生徒が主役の授業形態であることがあげられる。

　これは，J．デューイ（John Dewey，1859-1952）による教育方法の流れを汲むものである。デューイは，著書『学校と社会』において，「いまやわれわれの教育に到来しつつある変革は，重力の中心の移動である。…このたびは子どもが太陽となり，その周囲を教育の諸々の営みが回転する」と，「教育におけるコペルニクス的転回」を述べ，児童中心主義を主張した。

　近代の教育思想家のルソーやペスタロッチ等は，学習の主体を子供に置いて教育思想を展開していた。その思想が，制度として実現するのは，第二次世界大戦後である。しかし，今日においても，すべての子供が，学習権・教育権等の権利を享受し，学習の主体を子供に置いた教育思想の実現が可能となっているかは，重要な課題であるといえる。

　デューイは，子供を取り巻く環境との相互作用において生じる経験を重視し，子供の生活を中心として，カリキュラムを構成しようとした。その結果，従来の学問体系に即した教科の枠組みではなく，子供の生活を単元とする「生活単元学習」にもつながっていく。子供にとって，生活上の困難（問題）が課題になり，その困難を解決するプロセスに注目する，問題解決学習の展開を主張した。デューイは，シカゴの実験学校（デューイ・スクール）を創設し，プラグマティ

ズムの哲学を持って教育理論を実証した。学校とは，理想化され，単純化され，均衡化された「小社会」であるとして，教育とは，社会における実生活の「経験」の実用性（プラグマティズム）による再構成であるとした。彼の主張した「問題解決学習」とは，諸問題解決の試みの中で知識と人格の真の形成が達成されるものである。主な著書は，『学校と社会』，『民主主義と教育』である。彼は，『民主主義と教育』において，「教育とは，経験の意味を増加させ，その後の経験の進路を方向づける能力を高めるように経験を改造ないし再組織することである」と主張した。

　子供たちが，学習内容を人生や社会の在り方と結び付けて深く理解し，これからの時代に求められる資質・能力を身に付け，生涯にわたって能動的に学び続けたりすることができるようにするため，子供たちが「どのように学ぶか」という学びの質を重視した改善を図っていくことである。学びの質を高めていくためには，「主体的・対話的で深い学び」の実現に向けて，日々の授業を改善していくための視点を共有し，授業改善に向けた取組を活性化していくことが重要である。これが「主体的・対話的で深い学び」（アクティブ・ラーニング）の視点からの授業改善であるが，形式的に対話型を取り入れた授業や特定の指導の型を目指した技術の改善にとどまるものではなく，子供たちそれぞれの興味や関心を基に，一人ひとりの個性に応じた多様で質の高い学びを引き出すことを意図するものであり，さらに，それを通してどのような資質・能力を育むかという観点から，学習の在り方そのものの問い直しを目指すものである。

4 ｜ 情報活用能力

　我が国においては，今後の少子高齢化の進展，生産年齢人口の減少による労働力の不足などが懸念されており，ICT（Information and Communications Technology：情報通信技術），AI，ロボットなどの活用は，経済社会水準の維持のためにも不可欠である。今後の社会では，AIやロボットなどをはじめとする情報技術は生活の中で当たり前のものとして存在していると考えられ，これらの情報技術を手段として効果的に活用していくことの重要性は一層高まっていくこととなる。

　2017（平成29）年・2018（平成30）年・2019（平成31）年告示の学習指導要領，

2016（平成28）年12月の中央教育審議会答申「幼稚園，小学校，中学校，高等学校及び特別支援学校の学習指導要領等の改善及び必要な方策等について」においては，「言語能力」等と同様の「教科等を越えた全ての学習の基盤として育まれ活用される資質・能力」の一つとして**「情報活用能力」**を掲げ，「教育課程全体を見渡して組織的に取り組み，確実に育んでいくことができるようにすることが重要である」とし，学習指導要領等に反映していくことが提言された。

「情報活用能力」とは，「必要な情報を収集・判断・表現・処理・創造し，受け手の状況などを踏まえて発信・伝達できる能力（ICTの基本的な操作スキルを含む）や，情報の科学的理解，情報社会に参画する態度」であり，その育成によって，**「主体的・対話的で深い学び」**（アクティブ・ラーニング）の視点からの授業改善に向けた各教科等の指導におけるICT活用の促進が期待される。

「情報活用能力」の育成については，1984（昭和59）年9月〜1987（昭和62）年8月の「臨時教育審議会」と，1985（昭和60）年9月〜1987（昭和62）年12月の「教育課程審議会」，並びに，1985（昭和60）年1月〜1989（平成2）年3月の「情報化社会に対応する初等中等教育の在り方に関する調査研究協力者会議」における検討を経て，将来の高度情報社会を生きる子供たちに育成すべき能力という観点から，**「情報活用能力」**を学校教育で育成することの重要性が示されたことが発端といえる。

「主体的・対話的で深い学び」（アクティブ・ラーニング）の実現に向けた授業改善の推進において，子供たちが，学習内容を人生や社会の在り方と結び付けて深く理解し，これからの時代に求められる資質・能力を身に付け，生涯にわたって能動的に学び続けることができるようにするためには，**「主体的・対話的で深い学び」**（アクティブ・ラーニング）の実現に向けた授業改善を推進することが求められる。

各学校においては，学習の基盤となる**「言語能力」**，**「情報活用能力」**（情報モラルを含む），**「問題解決能力」**の育成のためには，教科等横断的な学習を充実することや，**「主体的・対話的で深い学び」**（アクティブ・ラーニング）の実現に向けた授業改善が求められる。これらの実現のためには，学校全体として，児童生徒や学校，地域の実態を適切に把握し，教育課程の実施状況に基づく改善などを通して，教育活動の質を向上させ，学習の効果の最大化を図る**「カリキュラム・マネジメント」**に努めることが求められる。

（参考資料１）

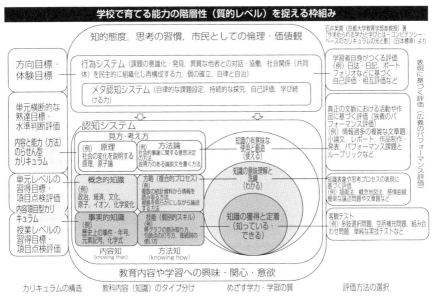

出所：文部科学省資料「教育課程企画特別部会　論点整理　補足資料（５）」(http://www.mext.go.jp/
component/b_menu/shingi/toushin/__icsFiles/afieldfile/2015/09/24/1361110_2_5.pdf) スライド
197より作成.

（参考資料２）

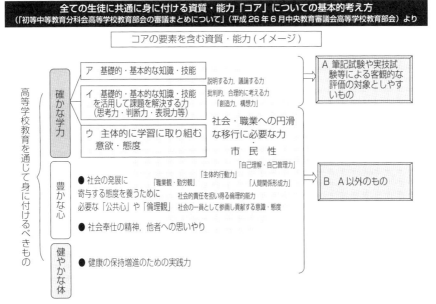

出所：文部科学省資料「教育課程企画特別部会　論点整理　補足資料（５）」(http://www.mext.go.jp/
component/b_menu/shingi/toushin/__icsFiles/afieldfile/2015/09/24/1361110_2_5.pdf) スライド
207より作成.

（参考資料3）

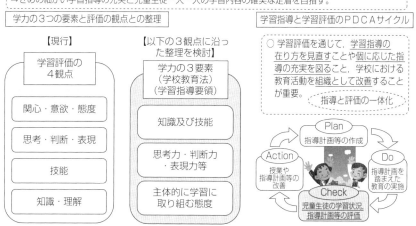

観点別学習状況の評価について

○ 学習評価には，児童生徒の学習状況を検証し，結果の面から教育水準の維持向上を保障する機能。
○ 各教科においては，学習指導要領等の目標に照らして設定した観点ごとに学習状況の評価と評定を行う「目標に準拠した評価」として実施。
⇒きめの細かい学習指導の充実と児童生徒一人一人の学習内容の確実な定着を目指す。

学力の3つの要素と評価の観点との整理

【現行】

学習評価の4観点

関心・意欲・態度

思考・判断・表現

技能

知識・理解

【以下の3観点に沿った整理を検討】

学力の3要素
（学校教育法）
（学習指導要領）

知識及び技能

思考力・判断力・表現力等

主体的に学習に取り組む態度

学習指導と学習評価のPDCAサイクル

○ 学習評価を通じて，学習指導の在り方を見直すことや個に応じた指導の充実を図ること，学校における教育活動を組織として改善することが重要。 指導と評価の一体化

Plan 指導計画等の作成
Do 指導計画を踏まえた教育の実施
Check 児童生徒の学習状況，指導計画等の評価
Action 授業や指導計画等の改善

出所：文部科学省資料「教育課程企画特別部会 論点整理 補足資料（1）」（http://www.mext.go.jp/component/b_menu/shingi/toushin/__icsFiles/afieldfile/2015/09/24/1361110_2_1.pdf）スライド39より作成.

（参考資料4）

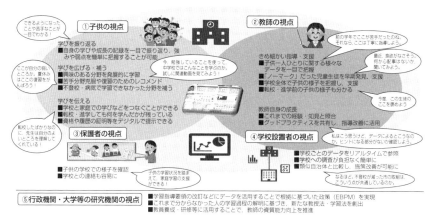

出所：文部科学省資料「教育データの利活用に係る論点整理（中間まとめ）概要」（https://www.mext.go.jp/content/20210331-mxt_syoto01-000013887_5.pdf）スライド1より作成.

考　察

1　専門教科の学習指導案を作成せよ。

2　作成した学習指導案にみられる授業構想に適切な教育方法について述べよ。

3　「主体的・対話的で深い学び」（「アクティブ・ラーニング」）の意義について述べよ。

4　「深い学び」について述べよ。

5　「情報活用能力」について述べよ。

■■■ 参考文献

奥田真丈編，熱海則夫ほか『学校経営実践講座3』第一法規，1979年。

奥田真丈編，熱海則夫ほか『学校経営実践講座6』第一法規，1979年。

児島邦宏・天笠茂編『柔軟なカリキュラムの経営』ぎょうせい，2001年。

ジョン・デューイ『民主主義と教育』金丸弘幸訳，玉川大学出版部，1984年。

ジョン・デューイ『学校と社会』宮原誠一訳，岩波書店，2005年。

文部科学省「教育課程企画特別部会　論点整理について（報告）」2015年8月26日。

文部科学省「チームとしての学校の在り方と今後の改善方策について（答申）」（中教審第
　　　185号），2015年12月21日。

文部科学省「次期学習指導要領等に向けたこれまでの審議のまとめについて（報告）」（教
　　　育課程部会），2016年8月26日。

文部科学省「幼稚園，小学校，中学校，高等学校及び特別支援学校の学習指導要領等の改
　　　善及び必要な方策等について（答申）」（中教審第197号），2016年12月21日。

文部科学省「教育データの利活用に係る論点整理（中間まとめ）概要」（教育データの利
　　　活用に関する有識者会議）2021年3月。

第10章

各教科，外国語活動，「特別の教科　道徳」，ICT活用指導力
──学習指導要領改訂のポイント1──

1 ｜ はじめに

　理数教育の充実，伝統や文化に関する教育の充実，外国語教育の充実，体験活動の充実，道徳教育の充実，**ICT活用指導力**は，平成29（2017）年3月公示の学習指導要領における重点項目である。週当たりのコマ数を各学年で週1コマ増加する。平成29年改訂では歴代の指導要領で初めて前文を設け，「社会に開かれた教育課程」を理念として掲げた。グローバル化や人工知能（AI）の台頭，人口減などを念頭に，平成30年代に社会に出る子供に求められる資質や能力を広く社会と共有する。学びの量と質をともに求める内容で，今後学校現場でどう実現していくかが課題である。また，重要事項として，幼小連携を推進，幼稚園と家庭の連続性を配慮，預かり保育や子育て支援を推進，環境，家族と家庭，消費者，食育，安全に関する学習を充実，情報の活用，情報モラルなどの情報教育を充実，部活動の意義や留意点を規定，障害に応じた指導を工夫するなどが挙げられる。

　新学習指導要領では，第1章総則において，以下のことが新設された。

　「各学校においては，児童や学校，地域の実態を適切に把握し，教育の目的や目標の実現に必要な教育の内容等を教科等横断的な視点で組み立てていくこと，教育課程の実施状況を評価してその改善を図っていくこと，教育課程の実施に

必要な人的又は物的な体制を確保するとともにその改善を図っていくことなど
を通して，<u>教育課程に基づき組織的かつ計画的に各学校の教育活動の質の向上
を図っていくこと（以下「カリキュラム・マネジメント」という。）に努めるものと
する。」</u>

　これからの時代に求められる資質・能力を育むためには，各教科の学習とと
もに，教科横断的な視点で学習を成り立たせていくことが課題となる。そのた
め，各教科における学習の充実はもとより，教科間のつながりを捉えた学習を
進める観点から，教科間の内容事項について，相互の関連付けや横断を図る手
立てや体制を整える必要がある。このため，「**カリキュラム・マネジメント**」
を通じて，各教科の教育内容を相互の関係で捉え，必要な教育内容を組織的に

図10-1　学習指導要領改定の方向性

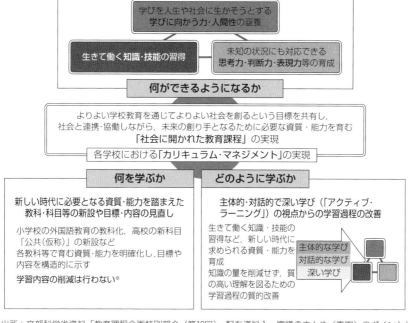

出所：文部科学省資料「教育課程企画特別部会（第19回）　配布資料1　審議のまとめ（素案）のポイント」
　　　より作成。

配列し，更に必要な資源を投入する営みが重要となる。図10-1のように，個々の教育活動を教育課程に位置付け，教育活動相互の関係を捉え，教育課程全体と各教科の内容を往還させる営みが，「カリキュラム・マネジメント」を支えることになる。本章では各教科，外国語活動，「特別の教科　道徳」について，みていきたい。

2 │ 各教科・科目指導

「何を学ぶか」において，新しい時代に必要となる資質・能力を踏まえた教科・科目等の新設や目標・内容の見直しが行われた。幼稚園教育要領，小・中・高等学校学習指導要領等の改訂のポイントは，教育基本法改正等で明確になった教育の理念を踏まえ，「生きる力」を育成し，道徳教育や体育などの充実により，豊かな心や健やかな体を育成する。時数としては，小学校の中学年・高学年においてそれぞれ年間35単位時間増となる。週あたりで考えれば1コマ分であるが，小学校における多様な時間割編成の現状を考慮すると，全小学校において一律の取扱いとすることは困難である。15分の短時間学習の設定や，60分授業の設定，長期休業期間における学習活動，土曜日の活用や週あたりコマ数の増など，地域や学校の実情に応じて組合せながら柔軟な時間割編成を可能としていくことが必要である。

平成29年3月公示の小学校新学習指導要領では，第2章各教科において，第1節 国語，第2節 社会，第3節 算数，第4節 理科，第5節 生活，第6節 音楽，第7節 図画工作，第8節 家庭，第9節 体育，第10節 外国語となっている。第10節 外国語は新設であり，以下の前文も新設された。

「教育は，教育基本法第1条に定めるとおり，人格の完成を目指し，平和で民主的な国家及び社会の形成者として必要な資質を備えた心身ともに健康な国民の育成を期すという目的のもと，同法第2条に掲げる次の目標を達成するよう行われなければならない。

1　幅広い知識と教養を身に付け，真理を求める態度を養い，豊かな情操と道徳心を培うとともに，健やかな身体を養うこと。

2　個人の価値を尊重して，その能力を伸ばし，創造性を培い，自主及び自律

の精神を養うとともに，職業及び生活との関連を重視し，勤労を重んずる態度
を養うこと。
3　正義と責任，男女の平等，自他の敬愛と協力を重んずるとともに，公共の
精神に基づき，主体的に社会の形成に参画し，その発展に寄与する態度を養う
こと。
4　生命を尊び，自然を大切にし，環境の保全に寄与する態度を養うこと。
5　伝統と文化を尊重し，それらをはぐくんできた我が国と郷土を愛するとと
もに，他国を尊重し，国際社会の平和と発展に寄与する態度を養うこと。」

　小・中・高等学校を見通した改善・充実を図るため，国語科における低学年
から古典に親しむ学習の充実，社会科における世界の国々との関わりや政治の
働き等に関する学習の充実（地図帳配布を第３学年からに前倒し），プログラミング
教育を行う単元の導入（総合的な学習の時間や理科，音楽など），文字入力やデータ
保存などに関する技能の着実な習得（教育課程全体）など，各教科等における課
題に応じた教育内容の見直しがなされた。「**情報活用能力**」（プログラミング教育
を含む）については，コンピュータ等を活用した学習活動の充実（各教科等），コ
ンピュータでの文字入力等の習得，プログラミング的思考の育成（小：総則，各
教科等（算数，理科，総合的な学習の時間など））が図られる。
　国語教育においては，小学校低学年で表れた学力差が，その後の学力差の拡
大に大きく影響するとの指摘も踏まえ，学習の質に大きく関わる語彙量を増や
し語彙力を伸ばすための指導や，文や文章の構成を理解したり，複数の情報を
関連付けて理解を深めたりできるようにするための指導が充実されるよう，育
成すべき資質・能力を明確化し，それを育む指導内容を以下の通り，再整理し
た。

① 「言語能力の確実な育成」をめざし，発達の段階に応じた，語彙の確実
　な習得，意見と根拠，具体と抽象を押さえて考えるなど情報を正確に理
　解し適切に表現する力の育成（小中：国語），学習の基盤としての各教科等
　における言語活動（実験レポートの作成，立場や根拠を明確にして議論することな
　ど）の充実（小中：総則，各教科等）を図る。
② 「理数教育の充実」では，前回改訂において２〜３割程度授業時数を増

加し充実させた内容を今回も維持した上で，日常生活等から問題を見いだす活動（小：算数，中：数学）や見通しをもった観察・実験（小中：理科）などの充実によりさらに学習の質を向上させる。また，必要なデータを収集・分析し，その傾向を踏まえて課題を解決するための統計教育の充実（小：算数，中：数学），自然災害に関する内容の充実（小中：理科）を図る。

③「伝統や文化に関する教育の充実」については，正月，わらべうたや伝統的な遊びなど我が国や地域社会における様々な文化や伝統に親しむこと（幼稚園），古典など我が国の言語文化（小中：国語），県内の主な文化財や年中行事の理解（小：社会），我が国や郷土の音楽，和楽器（小中：音楽），武道（中：保健体育），和食や和服（小：家庭，中：技術・家庭）などの指導の充実を図る。

　高等学校学習指導要領の改訂では，社会で生きていくために必要となる力を共通して身に付ける「共通性の確保」と，一人ひとりの生徒の進路に応じた多様な可能性を伸ばす「多様性への対応」の観点を軸にしながら，教科・科目構成を見直している。例えば，国語科では，共通必履修科目については，育成が求められる言語能力の在り方を踏まえつつ，実社会・実生活における言語による諸活動に必要な能力を育成するとともに，我が国の伝統や文化が育んできた言語文化を理解し継承して生かす能力を育成する。選択履修科目については，言語能力の３つの側面（①創造的・論理的思考，②感性・情緒，③他者との伝え合い）それぞれを主として育成する。地理歴史科では，共通必履修科目については，世界史必修を見直し，世界とその中における日本を広く相互的な視野から捉えて，現代的な諸課題の形成に関わる近現代の歴史を考察し，持続可能な社会づくりを目指し，環境条件と人間の営みとの関わりに着目して現代の地理的な諸課題を考察する。選択履修科目については，歴史や地理を発展的に学習する科目を設定する。理数科では，スーパーサイエンスハイスクールにおける取組の成果等を踏まえながら，教科の枠にとらわれない多角的，多面的な視点で事象を捉え，数学や理科における見方・考え方を活用しながら探究的な学習を行い，新たな価値の創造に向けて粘り強く挑戦する力の基礎を培う科目を，共通教科としての理数科に設定する。数学科では，数学の学びを社会生活で活用する場面として，統計に関する学習を充実させていくことが重要としている。

　2018年の国際学力調査PISAの結果は，**図10-2**のとおりである。PISA2018
で読解力の国際順位がさらに下がったことも踏まえ，国語では「根拠を示して

図10-2　OECD生徒の学習到達度調査（PISA2018）のポイント

結果概要

　OECD（経済協力開発機構）の生徒の学習到達度調査（PISA）は，義務教育修了段階の15歳児を対象に，2000
年から3年ごとに，読解力，数学的リテラシー，科学的リテラシーの3分野で実施（2018年調査は読解力が中心分
野）。平均得点は経年比較可能な設定。前回2015調査からコンピュータ使用型調査に移行。日本は，高校1年相
当学年が対象で，2018年調査は，同年6〜8月に実施。

三分野
◆数学的リテラシー及び科学的リテラシーは，引き続き世界トップレベル。調査開始以降の長期トレンドと
しても，安定的に世界トップレベルを維持していると OECD が分析。
◆読解力は，OECD 平均より高得点のグループに位置するが，前回より平均得点・順位が統計的に有意に低
下。長期トレンドとしては，統計的に有意な変化が見られない「平坦」タイプと OECD が分析。

読解力
◆読解力の問題で，日本の生徒の正答率が比較的低かった問題には，テキストから情報を探し出す問題や，
テキストの質と信ぴょう性を評価する問題などがあった。
◆読解力の自由記述形式の問題において，自分の考えを他者に伝わるように根拠を示して説明することに，
引き続き，課題がある。
◆生徒質問調査から，日本の生徒は「読書は，大好きな趣味の一つだ」と答える生徒の割合が OECD 平均
より高いなど，読書を肯定的にとらえる傾向がある。また，こうした生徒ほど読解力の得点が高い傾向に
ある。

質問調査
◆社会経済文化的背景の水準が低い生徒群ほど，習熟度レベルの低い生徒の割合が多い傾向は，他の OECD
加盟国と同様に見られる。
◆生徒の ICT の活用状況については，日本は，学校の授業での利用時間が短い。また，学校外では多様な用
途で利用しているものの，チャットやゲームに偏っている傾向がある。

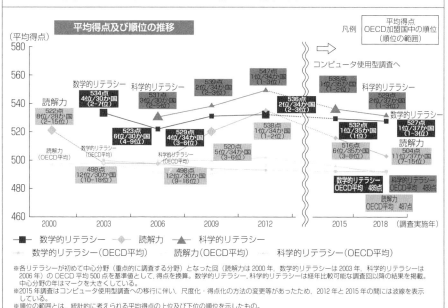

※各リテラシーが初めて中心分野（重点的に調査する分野）となった回（読解力は2000年，数学的リテラシーは2003年，科学的リテラシーは
2006年）の OECD 平均500点を基準値として，得点を換算。数学的リテラシー，科学的リテラシーは経年比較可能な調査回以降の結果を掲載。
中心分野の年はマークを大きくしている。
※2015年調査はコンピュータ使用型調査への移行に伴い，尺度化・得点化の方法の変更等があったため，2012年と2015年の間には波線を表示
している。
※順位の範囲とは，統計的に考えられる平均得点の上位及び下位の順位を示したもの。

出所：国立教育政策研究所ホームページ「OECD生徒の学習到達度調査（PISA2018）のポイント」より作成。

表現する」といった言語能力の育成に力を入れるとしている。算数・数学は統計教育を充実し，プログラミング教育も取り入れ，算数や理科，総合的な学習の時間などで取り組むとしている。国語，算数・数学，理科に関して，小，中学校の学習指導要領を見てみよう。それぞれの教科における「見方・考え方」が強調されている。

小学校学習指導要領の国語では，その「目標」として「**言葉による見方・考え方**」を掲げ，以下の通り，（1）（2）（3）の項目が新設された。

> **言葉による見方・考え方**を働かせ，言語活動を通して，国語で正確に理解し適切に表現する資質・能力を次のとおり育成することを目指す。
> （1）日常生活に必要な国語について，その特質を理解し適切に使うことができる態度を育てる。
> （2）日常生活における人との関わりの中で伝え合う力を高め，思考力や想像力を養う。
> （3）言葉がもつよさを認識するとともに，言語感覚を養い，国語の大切さを自覚し，国語を尊重してその能力の向上を図る態度を養う。

中学校学習指導要領の国語では，その「目標」として「**言葉による見方・考え方**」を掲げ，以下の通り，（1）（2）（3）の項目が新設された。

> **言葉による見方・考え方**を働かせ，言語活動を通して，国語で正確に理解し適切に表現する資質・能力を次のとおり育成することを目指す。
> （1）社会生活に必要な国語について，その特質を理解し適切に使うことができるようにする。
> （2）社会生活における人との関わりの中で伝え合う力を高め，思考力や想像力を養う。
> （3）言葉がもつ価値を認識するとともに，言語感覚を豊かにし，我が国の言語文化に関わり，国語を尊重してその能力の向上を図る態度を養う。

小学校学習指導要領の算数では，その「目標」として「**数学的な見方・考え方**」を掲げ，以下の通り，（1）（2）（3）の項目が新設された。

> **数学的な見方・考え方**を働かせ，数学的活動を通して，数学的に考える資質・

能力を次のとおり育成することを目指す。

（1）数量や図形などについての基礎的・基本的な概念や性質などを理解するとともに，日常の事象を数理的に処理する技能を身に付けるようにする。

（2）日常の事象を数理的に捉え見通しをもち筋道を立てて考察する力，基礎的・基本的な数量や図形の性質などを見いだし統合的・発展的に考察する力，数学的な表現を用いて事象を簡潔・明瞭・的確に表したり目的に応じて柔軟に表したりする力を養う。

（3）数学的活動の楽しさや数学のよさに気付き，学習を振り返ってよりよく問題解決しようとする態度，算数で学んだことを生活や学習に活用しようとする態度を養う。

中学校学習指導要領の数学では，その「目標」として「**数学的な見方・考え方**」を掲げ，以下の通り，（1）（2）（3）の項目が新設された。

数学的な見方・考え方を働かせ，数学的活動を通して，数学的に考える資質・能力を次のとおり育成することを目指す。

（1）数量や図形などについての基礎的な概念や原理・法則などを理解するとともに，事象を数学化したり，数学的に解釈したり，数学的に表現・処理したりする技能を身に付けるようにする。

（2）数学を活用して事象を論理的に考察する力，数量や図形などの性質を見いだし統合的・発展的に考察する力，数学的な表現を用いて事象を簡潔・明瞭・的確に表現する力を養う。

（3）数学的活動の楽しさや数学のよさを実感して粘り強く考え，数学を生活や学習に生かそうとする態度，問題解決の過程を振り返って評価・改善しようとする態度を養う。

小学校学習指導要領の理科では，その「目標」として，以下の通り「**理科の見方・考え方**」を掲げ，（1）（2）（3）の項目が新設された。

自然に親しみ，**理科の見方・考え方**を働かせ，見通しをもって観察，実験を行うことなどを通して，自然の事物・現象についての問題を科学的に解決するために必要な資質・能力を次のとおり育成することを目指す。

> （1）自然の事物・現象についての理解を図り，観察，実験などに関する基本的な技能を身に付けるようにする。
> （2）観察，実験などを行い，問題解決の力を養う。
> （3）自然を愛する心情や主体的に問題解決しようとする態度を養う。

　中学校学習指導要領の理科では，その「目標」として，以下の通り「理科の見方・考え方」を掲げ，（1）（2）（3）の項目が新設された。

> 自然の事物・現象に関わり，理科の見方・考え方を働かせ，見通しをもって観察，実験を行うことなどを通して，自然の事物・現象を科学的に探究するために必要な資質・能力を次のとおり育成することを目指す。
> （1）自然の事物・現象についての理解を深め，科学的に探究するために必要な観察，実験などに関する基本的な技能を身に付けるようにする。
> （2）観察，実験などを行い，科学的に探究する力を養う。
> （3）自然の事物・現象に進んで関わり，科学的に探究しようとする態度を養う。

　知識・技能等を実社会や実生活の様々な場面に活用する力や，様々な課題解決のための構想を立て実践し評価・改善する力などの知識・技能を活用する力については，学校教育における事実を正確に理解し伝達する活動や，概念・法則・意図などを解釈し，説明したり活用したりする活動，情報を分析・評価し，論述する活動等を通じて育成されるものである。これらの活動は，特定の教科・科目固有のものでなく，どの教科・科目の学習活動の場面においても実施できるものであり，相互の関連を図りつつ系統的に指導することが必要である。また，実社会や実生活での課題を解決するためには，個々の教科・科目の知識・技能の範囲にとどまらず，複数の教科・科目の知識・技能等を教科横断的・総合的に組み合わせることが必要である。学校運営の在り方にも踏み込み，教育内容や時間割を改善して教育効果を最大化する「カリキュラム・マネジメント」の確立が各学校に求められる。英語の拡充で授業時間数が増える小3〜小6について，文部科学省は夏休み中の授業や，朝などに行う15分学習を活用する案を示した。

　小学校高学年は授業時間の余裕が乏しい中で英語の授業が増えるため，時間割を柔軟に組み立てる「カリキュラム・マネジメント」が各学校に求められて

いる。中学校は教員の多忙の一因とされる部活動の在り方を見直す。デジタル教科書などは「深い学び」の実現に効果が見込まれることから，**ICT**（情報通信技術）環境の整備を進めるとされる。

3 | 外国語活動，教科「外国語」

　新学習指導要領では，小学校において，中学年で「外国語活動」を，高学年で「外国語科」を導入する。小学校の外国語教育の充実に当たっては，新教材の整備，養成・採用・研修の一体的な改善，専科指導の充実，外部人材の活用などの条件整備を行い，小・中・高等学校一貫した学びを重視し，外国語能力の向上を図る目標を設定するとともに，国語教育との連携を図り日本語の特徴や言語の豊かさに気付く指導の充実を図る。つまり，文部科学省は，外国語に親しむ活動の開始を小学3年に早め，小5から英語を正式教科とする。学習内容は減らさず，現行指導要領の「脱・ゆとり」路線を継承する。授業の改善で「主体的・対話的で深い学び」を実現し，思考力や主体性を伸ばす。小学校は2020年度，中学校は21年度から実施する。

　外国語教育については，子供たちが将来どのような職業に就くとしても求められる，外国語で多様な人々とコミュニケーションを図ることができる基礎的な力を育成することが重要である。図10-3のように，高等学校卒業段階における英語力の目標を基に，国際的な基準であるCEFRのA2～B1レベル程度以上（英検準2級～2級程度以上）の高校生の割合を5割とする取組を進めてきたことを踏まえつつ，小・中・高等学校を通じて一貫して育む指標形式の目標を設定し，初等中等教育全体を見通して確実に育成する。

　小学校では現在，5年から「聞く」「話す」を中心に英語に親しむ外国語活動を行っているが，3年からに前倒しする。5，6年の新教科「英語」では「読む」「書く」を加え，教科書を使い成績もつける。授業は現在の週1コマから2コマに増やし，4年間で600～700語程度の単語を指導する。中学校の英語は授業を英語で行うことを基本とし，取り扱う単語を現行の1200程度から1600～1800程度に増やす。小学校英語は平成11年度に5～6年生で「話す・聞く」中心の外国語活動（週1コマ）が始まって以来の改革となる。改訂後は5～6年生で正式教科となり授業も週2コマに増加し，「読む・書く」を入れて内容も

図10-3 外国語教育の抜本的強化のイメージ

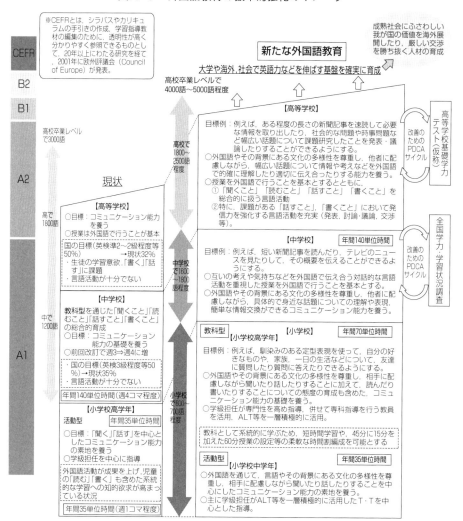

出所：文部科学省資料「教育課程企画特別部会（第19回）配布資料1 審議のまとめ（素案）のポイント」より作成。

充実させる。英語の教科化などで小学校 6 年間の総授業時間は140時間増える
が，中学校は変わらない。小学校段階では，現在高学年において「聞くこと」「話
すこと」を中心とした外国語活動を実施しているが，子供たちの「読むこと」「書
くこと」への知的欲求も高まっている状況である。全ての領域をバランスよく
育む教科型の外国語教育を，高学年から導入する。

　平成29年 3 月公示の小学校の学習指導要領では，外国語活動の「目標」とし
て「**外国語によるコミュニケーションにおける見方・考え方**」を掲げ，以下の
通り，（1）（2）（3）の項目が新設された。

外国語によるコミュニケーションにおける見方・考え方を働かせ，外国語によ
る聞くこと，話すことの言語活動を通して，コミュニケーションを図る素地と
なる資質・能力を次のとおり育成することを目指す。

（1）外国語を通して，言語や文化について体験的に理解を深め，日本語と外国
語との音声の違い等に気付くとともに，<u>外国語の音声や基本的な表現に慣れ親
しむようにする</u>。

（2）身近で簡単な事柄について，外国語で聞いたり話したりして<u>自分の考えや
気持ちなどを伝え合う力の素地を養う</u>。

（3）外国語を通して，言語やその背景にある文化に対する理解を深め，相手に
配慮しながら，<u>主体的に外国語を用いてコミュニケーションを図ろうとする態
度を養う</u>。

　また，平成29年 3 月公示の小学校学習指導要領では，各教科において，外国
語が新設され，「**外国語によるコミュニケーションにおける見方・考え方**」を
掲げた。

外国語によるコミュニケーションにおける見方・考え方を働かせ，外国語によ
る聞くこと，読むこと，話すこと，書くことの言語活動を通して，コミュニケー
ションを図る基礎となる資質・能力を次のとおり育成することを目指す。

（1）外国語の音声や文字，語彙，表現，文構造，言語の働きなどについて，日
本語と外国語との違いに気付き，これらの知識を理解するとともに，読むこと，
書くことに慣れ親しみ，聞くこと，読むこと，話すこと，書くことによる<u>実際
のコミュニケーションにおいて活用できる基礎的な技能</u>を身に付けるようにす

る。

（2）コミュニケーションを行う目的や場面，状況などに応じて，身近で簡単な
事柄について，聞いたり話したりするとともに，音声で十分に慣れ親しんだ外
国語の語彙や基本的な表現を推測しながら読んだり，語順を意識しながら書い
たりして，自分の考えや気持ちなどを伝え合うことができる基礎的な力を養う。

（3）外国語の背景にある文化に対する理解を深め，他者に配慮しながら，主体
的に外国語を用いてコミュニケーションを図ろうとする態度を養う。

　第5学年及び第6学年において，「指導計画の作成と内容の取扱い」では，（1）
指導計画の作成に当たっては，第3学年及び第4学年並びに中学校及び高等学
校における指導との接続に留意しながら，単元など内容や時間のまとまりを見
通して，その中で育む資質・能力の育成に向けて，児童の主体的・対話的で深
い学びの実現を図るようにすること，その際，具体的な課題等を設定し，児童
が「外国語によるコミュニケーションにおける見方・考え方」を働かせながら，
コミュニケーションの目的や場面，状況などを意識して活動を行い，英語の音
声や語彙，表現などの知識を，5つの領域における実際のコミュニケーション
において活用する学習の充実を図ることに配慮するものとするとしている。

4 ｜「特別の教科　道徳」

1．道徳の教科化

　先行する道徳の特別教科化による，道徳的価値を自分事として理解し，多面
的・多角的に深く考えたり，議論したりする道徳教育の充実を図る。今後は，
道徳教育推進教師を中心とした指導体制を充実する。先人の伝記，自然など児
童生徒が感動する魅力的な教材を充実する。発達の段階に応じて指導内容を重
点化〔人間としてしてはならないことをしない，きまりを守る（小），社会の
形成への参画（中）など〕する。

　平成29年3月公示の小学校学習指導要領では，第3章「特別の教科　道徳」
の「目標」として，以下の通り新設された。

> 　第1章総則の第1の2の（2）に示す道徳教育の目標に基づき，<u>よりよく生きるための基盤となる道徳性を養うため</u>，道徳的諸価値についての理解を基に，自己を見つめ，物事を多面的・多角的に考え，<u>自己の生き方</u>についての考えを深める学習を通して，<u>道徳的な判断力，心情，実践意欲と態度を育てる</u>。

中学校学習指導要領では，以下の通り，目標が掲げられた。

> 　第1章総則の第1の2の（2）に示す道徳教育の目標に基づき，<u>よりよく生きるための基盤となる道徳性を養うため</u>，道徳的諸価値についての理解を基に，自己を見つめ，物事を広い視野から多面的・多角的に考え，<u>人間としての生き方</u>についての考えを深める学習を通して，<u>道徳的な判断力，心情，実践意欲と態度を育てる</u>。

　戦後我が国の道徳教育は，学校教育の全体を通じて行うという方針の下に進められてきた。昭和33年の学習指導要領において，小・中学校に各学年週1単位時間の「道徳の時間」が設置されて以降は，この「道徳の時間」が，学校における道徳教育の要として，各教科等における道徳教育としては取り扱う機会が十分でない内容項目に関わる指導を補うことや，児童生徒や学校の実態等を踏まえて指導をより一層深めること，内容項目の相互の関連を捉え直したり発展させたりすることを指導する時間としての役割を果たしてきた。しかし，これまで学校や児童生徒の実態などに基づき道徳教育の重点目標を設定し充実した指導を重ね，確固たる成果を上げている学校がある一方で，主題やねらいの設定が不十分な単なる生活経験の話合いや読み物の登場人物の心情の読み取りのみに偏った形式的な指導が行われる例があることなど，多くの課題が指摘されている。このような状況を踏まえ，道徳教育の実質化及びその質的転換を図るため，文部科学省においては，平成27年3月に，これまでの「道徳の時間」を「特別の教科　道徳」と位置付けるための学習指導要領等の一部改正を行った。小学校は平成30年度から，中学校は31年度から「特別の教科　道徳」となる。

　改正前の学習指導要領においては，学校教育全体で行う道徳教育と道徳の時間の目標との関係が必ずしも明確ではなかったが，今回の改正により，道徳教育と道徳科の目標を「よりよく生きるための道徳性を養う」と統一した。これからの時代を生きる子供たちは，様々な価値観や言語，文化を背景とする人々

と相互に尊重し合いながら生きていくことが今まで以上に重要となっており，中央教育審議会答申（「道徳に係る教育課程の改善等について」平成26年10月21日）において「道徳教育の本来の使命に鑑みれば，特定の価値観を押し付けたり，主体性をもたず言われるままに行動するよう指導したりすることは，道徳教育が目指す方向の対極にあるものと言わなければならない。むしろ，多様な価値観の，時に対立がある場合を含めて，誠実にそれらの価値に向き合い，道徳としての問題を考え続ける姿勢こそ道徳教育で養うべき基本的資質である」と指摘されている所以である。そのような中，社会を構成する主体である一人ひとりが，高い倫理観をもち，人間としての生き方や社会の在り方について，多様な価値観の存在を認識しつつ，自ら考え，他者と対話し協働しながら，よりよい方向を模索し続けるために必要な資質・能力を備えることが求められている。中央教育審議会教育課程企画特別部会の「論点整理」（平成27年8月）においては，「確かな学力」，「健やかな体」，「豊かな心」をそれぞれ単独で捉えるのではなく，「何を理解しているか，何ができるか（知識・技能）」，「理解していること・できることをどう使うか（思考力・判断力・表現力等）」，「どのように社会・世界と関わり，よりよい人生を送るか（学びに向かう力，人間性等）」といった3つの柱で資質・能力を統合的に捉えている。

2．コールバーグの道徳性発達理論と道徳教育法

ローレンス・コールバーグ（Lawrence Kohlberg, 1927-1987）は，学位論文「10歳から16歳における道徳的思考と選択の様式の発達」（The development of modes of moral thinking and choice in the years 10 to 16, 1958）によって道徳性発達理論を明らかにしたが，それ以来，世界各国でその理論的・方法的研究が多くなされてきた。コールバーグの道徳性発達理論は，道徳教育の理論と実践に多大な影響を及ぼし，彼の理論は，「価値明確化」（values clarification）や「キャラクター・エデュケーション」（character education）と並び，アメリカ道徳教育の3大潮流として位置づけられ，アメリカ内外の道徳教育の発展に寄与してきた。コールバーグにおける教育目的は，J. デューイ（John Dewey, 1859-1952）の教育哲学を基礎に置くものである。

つまり，デューイの教育的経験の第1段階「セルフアクション」（self-action）は，コールバーグの道徳性発達段階における第1段階「前慣習的レベル」に相応し，

デューイの第2段階「**インタラクション**」（interaction）は，コールバーグの第2段階「慣習的レベル」に一致することが明らかになった。また，デューイの教育実践の「**オキュペーション**」（active occupations）は，学習指導要領の目指す「**生きる力**」や「確かな学力」を実現するための指針として，「特別の教科　道徳」における教育方法としての新たな可能性が期待される。

　コールバーグが提起した「道徳性発達理論」によると，人間の道徳性の発達は，文化を超えて普遍的に，次のような段階を踏む。コールバーグは，人間の道徳的判断に注目し，その判断が下記のような3つのレベルと6つの段階をもつというものである。1970〜1980年代に，モラルジレンマの道徳授業が世界的に広がった。コールバーグの道徳性発達段階（3レベル6段階）に基づく道徳教育論とは，以下の通りである。

Level 1 （Pre-Conventional）**慣習以前のレベル**

第1段階：「罰と服従志向」（Obedience and punishment orientation）　悪いことをして罰を与えられることを避けようとする段階。

第2段階：「相対主義志向」（Self-interest orientation）　「あなたが私の背中をかいてくれたら，私もあなたの背中をかいてあげる」といった，相互性の段階。

Level 2 （Conventional）**慣習的レベル**

第3段階：「対人関係の調和あるいは『良い子』志向」（Interpersonal accord and conformity（The good boy/girl attitude））　「よい子」であることによって，承認を勝ち得ようとする段階。

第4段階：「法と秩序志向」（Authority and social-order maintaining orientation）　正しい行動とは，自分の義務を果たし，権威を尊重し，既存の社会秩序を，秩序そのもののために維持することにあると考える段階。

Level 3 （Post-Conventional）**自律的・脱慣習的レベル**

第5段階：「社会契約的遵法主義志向」（Social contract orientation）　秩序そのものを重んじるのではなく，法を合意によって変更できることを重視する段階。

第6段階：「普遍的な倫理的原理志向」（Universal ethical principles）　人間の尊厳性の尊重という原理から，個々具体的な場面における道徳を考える段階。

　コールバーグの観察によれば，子供たちがこれらの段階をステップアップしていく場合は，必ず1つずつ段階を上がっていき，そして，一度上がれば，も

うそれ以前には戻ることがないという。コールバーグは，「ハインツの道徳的葛藤」（モラルジレンマ）の例を挙げて例証する。様々な国や地域や年齢の子供たちにこの問題を出した時，どんな国や地域の子供たちも，だいたい上のような発達段階を見せるという。つまり，以下のとおりである。

> 「ヨーロッパで，一人の女性が非常に重い病気にかかり，今にも死にそうでした。彼女の命が助かるかもしれないと医者が考えている薬が一つだけありました。それは，同じ町の薬屋が最近発見したある種の放射性物質でした。その薬は作るのに大変なお金がかかりました。しかし薬屋は製造に要した費用の十倍の値段をつけていました。彼は単価二百ドルの薬を二千ドルで売っていたのです。病人の夫のハインツは，お金を借りるためにあらゆる知人を訪ねて回りましたが，全部で半額の千ドルしか集めることができませんでした。ハインツは薬屋に，自分の妻が死にそうだとわけを話し，値段を安くしてくれるか，それとも支払い延期を認めてほしいと頼みました。しかし薬屋は，「だめだね。この薬は私が発見したんだ。私はこれで金儲けをするんだ」と言うのでした。そのためハインツは絶望し，妻のために薬を盗もうとその薬屋に押し入りました。」

コールバーグの「認知的道徳性発達段階（cognitive stages of moral development）」によると，第1段階「罰と服従志向」の子供は，もし妻を死なせたら，他人から責められるだろう（賛成），あるいは，薬を盗めば警察に捕まるだろう（反対）と考える。第2段階「相対主義志向」の子供は，もし捕まっても重い刑にはならないだろうし，刑務所から出たとき妻がいるのならばよいではないか（賛成），あるいは，妻が死んでもあなたのせいではない（反対）と考える。第3段階「対人関係の調和あるいは『良い子』志向」の子供は，薬を盗んでもだれもあなたを悪いとは思わないだろう（賛成）か，あるいは，犯罪はあなたや家族に不名誉をもたらす（反対）と考える。第4段階「法と秩序志向」の子供は，もし薬を盗まなければ，彼女を死なせたという罪の意識をいつまでも持ち続けることになる（賛成）か，あるいは，盗みを働けば，法を犯したという罪の意識にさいなまれることになる（反対）と考える。第5段階「社会契約的遵法主義志向」になると，もし妻を死なせたら，他者からの尊敬と自尊心を失う（賛成）か，あるいは，薬を盗めば，法を破り，共同社会における地位と尊敬を失う（反

対）と考える。第 6 段階「普遍的な倫理的原理志向」になると，薬を盗まずに妻を死なせたら，良心の基準よりも法律を優先させたとして，自分を責めることになる（賛成）か，あるいは，薬を盗んでも他の人から非難されることはないが，自らの良心から自分を責めることになる（反対）と考える。

　「普遍的な倫理的原理志向」と呼ばれる第 6 段階についてコールバーグは，「自律的な第 6 段階の道徳的行為主体の目的は，ある人の善の増進が他の人の権利尊重を損なわず，また個人の権利尊重がすべての人の最善なるものを促進しそこなうことのないような方法で，道徳問題を解決しようとすることです」と言う。その場合，指針となるべきは「人間尊重」の原理である。第 6 段階において，人は，互いを尊重し合おうという自覚をもって，様々な道徳問題を調整していこうと努める。つまり，「人間を等しく尊重する原理を実現できるのは，対話を通してだけですから，対話に入ろうとする姿勢の必要性が認識されているのです。すなわち，対話は，他者とのかかわり方のうち，互いに承認しうる合意に到達することを目指すものとして必要なもの」なのである。もちろん，私たちは対話を通せば必ず合意に至るというわけではない。しかし，そうした合意に至らない場面においてもなお相互尊重を維持しようとするところに，第 6 段階の特徴がある。

　以上のような道徳性の発達理論を踏まえて，コールバーグは，「道徳教育の目標」を，決められた規則の教授でなく，「発達の促進」とする場合の魅力は，それが子供になじみのない行動様式を押しつけるのでなく，子供がすでに向かいつつある方向へ「さらに一歩前進するのを援助すること」を意味しているとして，以下の 4 点を主張している。

　　① 子供の思考力や道徳的判断力を高める。
　　② 多様な価値観に触れる機会を増やす。
　　③ 道徳的判断の背後にある根拠を明らかにし，理由をきちんと説明できる。
　　④ 自尊感情（自分を価値ある存在として捉えていく態度や感情）を高める。

5 │ ICT活用指導力

新学習指導要領の重要な方針である「主体的・対話的で深い学び」(アクティブ・ラーニング) の実現や「情報活用能力」の育成のためには,一人一人の教師が,「ICT活用指導力」の向上の必要性を理解し,校内研修等に積極的に参加したり,教育委員会等の研修を充実させることが必要である。

2015 (平成27) 年12月,中央教育審議会「これからの学校教育を担う教員の資質能力の向上について〜学び合い,高め合う教員育成コミュニティの構築に向けて〜」では,「ICTを活用した教育」や「主体的・対話的で深い学び」(アクティブ・ラーニング) の視点からの授業改善等に対応した教員研修を推進することはもとより,大学の講義等においては,教員養成の段階からそれらを意識した内容と方法に転換していくことが求められている。また,2018 (平成30) 年6月15日に閣議決定された「第3期教育振興基本計画」において掲げられている「ICT利活用のための基盤の整備」の測定指標として,「教師のICT活用指導力の改善」が設定されている。「ICT活用指導力」の基準については,「教員のICT活用指導力チェックリスト」として文部科学省より策定・公表されているが,授業におけるICT活用の指導だけでなく,情報モラル指導や,校務のICT活用も含まれている。つまり,教師の「ICT活用指導力」が,すべての教師に求められる基本的な資質能力なのである。

授業中の「ICT活用指導力」をはじめとして,教師の「ICT活用指導力」は着実に増加してきた。しかし,児童・生徒のICT活用を指導する能力については,更なる指導力の向上が求められる。「ICT活用指導力」の向上を図るための体制を構築するためには,「校内研修リーダー」の養成が不可欠である。ICTを十分に活用できない教師等に対して積極的な活用を働きかけ,ICTの効果的な活用方法を浸透させていく上で,「校内研修リーダー」は大変重要な役割を果たす。

2021 (令和3) 年3月12日の,文部科学省初等中等教育局長からの,2021 (令和3) 年1月13日付け,文部科学省初等中等教育局長通知「GIGAスクール構想の下で整備された1人1台端末の積極的な利活用等について (通知)」によれば,「新型コロナウイルス感染症対策としてのICTを活用した児童生徒の学習活動

図10- 4　GIGAスクール構想

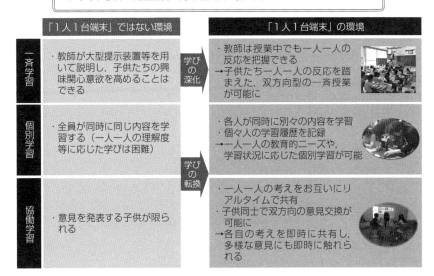

出所：文部科学省資料「（リーフレット）GIGAスクール構想の実現へ」（p.3）より作成。

　の一層の支援について」等を踏まえ，「早期導入に向けたさらなる取組を推進する」，「公立学校における端末整備に関しては，国は既に地方財政措置が講じられている３人に１台分の端末は地方自治体が整備することなどを前提に３人に２台分の端末整備を支援していることや，１人１台端末環境の下で児童生徒がICTを活用して学習するためには教師分の端末の準備も不可欠であることなどを踏まえ，児童生徒用の端末，指導者用の端末の双方について必要台数を確保」するとしている。

考　察

1　外国語活動について述べよ。

2　「特別の教科　道徳」の指導法とコールバーグの道徳性発達理論について述べよ。

3　教師の「ICT活用指導力」について述べよ。

参考文献

石村卓也『教育課程——これから求められるカリキュラム開発力——』昭和堂，2009年。

伊藤朋子「道徳理論と指導法に関する「トランズアクション」の研究——コールバーグの
　　道徳性発達段階へのJ.デューイの影響——」『甲南大学教職教育センター年報』2017年。

国立教育製作研究所「OECD生徒の学習到達度調査（PISA2018）」。

文部科学省「教育課程企画特別部会　論点整理について（報告）」2015年8月26日。

文部科学省「チームとしての学校の在り方と今後の改善方策について（答申）」（中教審第
　　185号），2015年12月21日。

文部科学省「教育課程部会　教育課程企画特別部会（第19回）　配付資料」2016年8月1日。

文部科学省「次期学習指導要領等に向けたこれまでの審議のまとめについて（報告）」（教
　　育課程部会），2016年8月26日。

文部科学省「幼稚園，小学校，中学校，高等学校及び特別支援学校の学習指導要領等の改
　　善及び必要な方策等について（答申）」（中教審第197号），2016年12月21日。

文部科学省「（リーフレット）GIGAスクール構想の実現へ」。

第11章

特別活動，特別支援教育，生徒指導，学級経営
——学習指導要領改訂のポイント2——

1 | はじめに

　特別活動の実施に当たっては，**カリキュラム・マネジメント**を通じて，子供たちにどのような資質・能力を育むかを明確にすることが不可欠である。これからの時代に求められる資質・能力を育むためには，各教科等の学習とともに，教科横断的な視点で学習を成り立たせていくことが課題となる。そのため，各教科等における学習の充実はもとより，教科等間のつながりを捉えた学習を進める観点から，教科等間の内容事項について，相互の関連付けや横断を図る手立てや体制を整える必要がある。

　教育基本法改正等で明確になった教育の理念を踏まえ，「**生きる力**」を育成し，道徳教育や体育などの充実により，豊かな心や健やかな体を育成する。重要事項は以下の通りである。

　　体育，食育，安全教育を充実
　　環境，消費者に関する学習を充実
　　情報の活用，情報モラルなどの情報教育を充実
　　部活動の意義や留意点を規定
　　障害に応じた指導を工夫（特別支援教育）

2 | 特別活動

　今日，学習指導要領（小学校）において「各教科」，「特別の教科　道徳」，「総合的な学習の時間」，「外国語活動」と並び教育課程の5領域を構成する「特別活動」は，戦後間もなく，米国教育使節団やCIE（連合軍総司令部民間情報教育部）により，民主主義社会の市民を育成するために導入が勧告された教科外の活動（名称としては，CIEの中等教育担当官の示唆したSpecial Curricular Activities）が基になっている。西洋では，背景に，課外活動（extra-curricular activities）の長い歴史があり，それが19世紀後半からアメリカで発展し，特に20世紀初めにカリキュラムの中に取り込まれるようになると，もはや課外（extra-curricular）とは呼びにくくなって，様々な名称が登場した。日本では，明治以降，近代的教育制度が急速に確立されて行く過程で，西洋の課外活動の一部が高等・中等教育機関に導入され，初等教育においても，儀式を中心とする学校行事やある種の「自治」活動が行われた。しかし，日本の課外活動は，西洋の課外活動とは異なり，児童・生徒が自らの必要や要求から自発的に行ったものとは言い難く，上から与えられたものとしての性格が強かったように思われる。

　戦後，アメリカの影響で導入されたSpecial Curricular Activitiesが，1947年に「自由研究」（小・中学校）として発足して以来，今日の「特別活動」に至るまでの変遷をたどり，その変遷過程における日本型の「発展段階」を解明する。

1．集団や社会の形成者としての見方・考え方

　新学習指導要領改訂のポイントは，体験活動を推進することであり，発達の段階に応じ，集団宿泊活動，自然体験活動，職場体験活動などを推進するとしている。生命の有限性や自然の大切さ，挑戦や他者との協働の重要性を実感するための体験活動の充実（小中：総則），自然の中での集団宿泊体験活動や職場体験の重視（小中：特別活動等）を図る。

　平成29（2017）年3月公示の小学校の新学習指導要領では，第6章　特別活動として「集団や社会の形成者としての見方・考え方」を掲げ，以下の目標が掲げられた。

集団や社会の形成者としての見方・考え方を働かせ, 様々な集団活動に自主的, 実践的に取り組み, 互いのよさや可能性を発揮しながら集団や自己の生活上の課題を解決することを通して, 次のとおり資質・能力を育成することを目指す。
(1) 多様な他者と協働する様々な集団活動の意義や活動を行う上で必要となることについて理解し, 行動の仕方を身に付けるようにする。
(2) 集団や自己の生活, 人間関係の課題を見いだし, 解決するために話し合い, 合意形成を図ったり, 意思決定したりすることができるようにする。
(3) 自主的, 実践的な集団活動を通して身に付けたことを生かして, 集団や社会における生活及び人間関係をよりよく形成するとともに, 自己の生き方についての考えを深め, 自己実現を図ろうとする態度を養う。

中学校の新学習指導要領では, 以下の通り「**集団や社会の形成者としての見方・考え方**」を掲げ, 目標が掲げられた。

集団や社会の形成者としての見方・考え方を働かせ, 様々な集団活動に自主的, 実践的に取り組み, 互いのよさや可能性を発揮しながら集団や自己の生活上の課題を解決することを通して, 次のとおり資質・能力を育成することを目指す。
(1) 多様な他者と協働する様々な集団活動の意義や活動を行う上で必要となることについて理解し, 行動の仕方を身に付けるようにする。
(2) 集団や自己の生活, 人間関係の課題を見いだし, 解決するために話し合い, 合意形成を図ったり, 意思決定したりすることができるようにする。
(3) 自主的, 実践的な集団活動を通して身に付けたことを生かして, 集団や社会における生活及び人間関係をよりよく形成するとともに, 人間としての生き方についての考えを深め, 自己実現を図ろうとする態度を養う。

中学生は葛藤の中で自らの生き方を模索し, 思春期特有の課題も現れる時期である。多様化する課題に対応するためには, 各学校が直面する課題にどのように対応し, 子供たちにどのような資質・能力を育むことを目指すのかを, 学校教育目標や育成すべき資質・能力として明確にし, 全ての教職員や地域が「**カリキュラム・マネジメント**」に関わることを通じて, 課題や目標を共有して対応していくことが重要である。部活動については, 現行学習指導要領における位置付けを維持しつつ, 将来にわたって持続可能な在り方を検討し, 活動内容

や実施体制を検討していくことが必要である。少子化が進む中で，部活動の実施に必要な集団の規模や指導体制を持続的に整えていくためには，一定規模の地域単位で運営を支える体制を構築することが長期的には不可欠である。教員の負担軽減の観点も考慮しつつ，地域の人々の協力，社会教育との連携など，運営上の工夫を行うことが必要である。部活動も学校教育活動の一環であることから，関係教科等と関連づけた**「主体的・対話的で深い学び」**を実現する視点が重要である。部活動の教育的意義として指摘される人間関係の構築や自己肯定感の向上等は，部活動の充実の中だけで図られるのではなく，学校の教育活動全体の中で達成されることが重要である。こうした部活動についての考え方は，高等学校においても同様である。

　また，学級を単位として，学級や学校の生活の充実と向上，生徒が当面する諸課題への対応に資する活動を行うことが求められる。「学級や学校の生活づくり」では，学級や学校における生活上の諸問題の解決，学級内の組織づくりや仕事の分担処理，学校における多様な集団の生活の向上があげられる。「適応と成長及び健康安全」に関しては，思春期の不安や悩みとその解決，自己及び他者の個性の理解と尊重，社会の一員としての自覚と責任，男女相互の理解と協力，望ましい人間関係の確立，ボランティア活動の意義の理解と参加，心身ともに健康で安全な生活態度や習慣の形成，性的な発達への適応，食育の観点を踏まえた学校給食と望ましい食習慣の形成等があげられる。「学業と進路」においては，学ぶことと働くことの意義の理解，自主的な学習態度の形成と学校図書館の利用，進路適性の吟味と進路情報の活用，望ましい勤労観・職業観の形成，主体的な進路の選択と将来設計があげられる。

2．「課外活動」の歴史

　「課外活動」の歴史は，教育の歴史と同じくらい古く，運動競技，クラブ，討論，生徒の自治，特別な日の祝祭，演劇，音楽など，近代の形式と類似したものが，古代のアテネやスパルタに認められる。古代のスパルタとアテネで若者が種々のスポーツを盛んに行ったことは周知の通りである。しかし，それぞれの目的は異なり，スパルタでは軍人としての鍛錬のためであり，アテネでは調和の取れた身体を作り上げようとしてであった。スパルタの成年男子は，共同で食事をすることが制度化されていたが，若者たちの共同の食卓は一種のク

ラブとして組織され，新しいメンバーの加入は投票によって決められたという。また，寄宿舎で集団生活をさせられた少年たちは軍隊式に編成され，「イレーン」と呼ばれる年上の少年がその指揮を執った。一方，アテネの学校では，学生たちは自分の好きな教師を囲んでサークルをつくり，自由なタイプの活動を行っていた。学生団体の秩序は，10日おきにそのクラスによって選出されたsenior prefectによって守られた。また，学生が学頭の選挙に関わった時期もあった。

　中世には，大学で，学生は，出身地に応じて国民団（nation）に組織され，大学の学長選出にも関わったことが知られているが，彼らは学費や講義時間割の決定に関わったり，自ら選んだ活動を行ったりした。更に，ルネサンス期には，ヴィットリーノ（Vittorino da Feltre, 1378～1460）の学校において，古典の勉学に加えて，体育や遊戯にも力が入れられた。トロッツェンドルフ（Valentin Trotzendorf, 1490～1556）の学校では，古代ローマの共和制を模倣して自治的組織を作り，学校運営上の様々な役割を生徒に行わせた。また，校長が月ごとに選んだ12人の議員と2人の監察官からなる学校裁判所を置くなど，近代に現れる「学校市」（School-city government）の先駆となる学校自治制が行われた。

　近代イギリスの中等学校，特に広大な校地をもったパブリック・スクールでは，早くからフットボール，クリケットや漕艇などの運動競技が熱心に行われていた。17世紀には古典的なテーマでの弁論が行われ，18世紀に入ると「討論クラブ」（debating society）の活動が顕著となり，時事的な政治問題が熱心に討論された。18世紀末には，イートン校で生徒による雑誌の出版が始まり，「ラグビー校雑誌」（Rugby Magazine）は，1835年に創刊されている。

　南北戦争（1861～1865年）後のアメリカでは，J.デューイの教育理論の強い影響を受けて，また，社会自体の大きな変化——産業革命，人口の都市集中と工場労働者化，家庭の教育機能の低下，社会改革の必要性の認識と民主主義への信頼，初等教育の普及と中等教育への進学者の急激な増大——に伴い，学校で生徒に実践的な社会体験を与えようという動きが強まった。そうした事情を背景に「課外活動」は大きく発展することになった。その最初の顕著な動きが「自治的活動」であった。最も早い試みとしては，ウィリアム（R.G.William）がニューヨークの不良少年を集めて自治的生活を送らせた「少年共和国（Junior Republic）」（1895年創設）や，ほぼ同時期に，都市行政組織に倣って学校内組織を置いたニューヨーク市マンハッタンの125番公立学校における「学校市」

（School-city government）などが挙げられる。

　一方，我が国では，明治5年の学制によって近代教育制度が始まったが，明治27年の全国平均就学率は約60%であり，明治20年代の終わりまで，国民の教育への関心は高まらなかった。日清戦争後，産業の発達に助けられて就学率は急上昇し，日露戦争後の明治38年には96%に達した。日清・日露戦争を経て就学が定着を見たころ，我が国の教育は国家主義的・軍国主義的イデオロギーによる統制の時期に入った。森有礼の師範学校令（明治19年）以来，小学校教員は国家の教育方針の忠実な担い手であることが求められ，軍隊式の寮で訓練されて国家主義・軍国主義の精神を叩き込まれた。小学校に関しては，儀式，運動会，遠足，学芸会，自治的活動等の「課外活動」が学校の教育活動の中に取り入れられたが，その主たる目的は，天皇制国家の「臣民」に相応しい態度，価値観や行動様式を育成することにあり，決して子供たちの自由な活動のためではなかった。

3. 戦後の「特別活動」における日本型「発展段階」説

　戦後の我が国における「特別活動」の変遷過程には，日本型の「発展段階」説として，以下の3段階が認められる。第1段階は，戦後10年間における，アメリカや西洋の「課外活動」の「輸入と模倣の時代」である。児童・生徒も，学校・文教当局も，欧米の「課外活動」の発展段階にみられる自由な活動や，それへの抑圧，その抑圧に対する抵抗をほとんど経験しないうちに敗戦を迎えた。そして，教育改革を余儀なくされた文教当局が，アメリカの勧めもあって，当初は，熱心に，J.デューイの教育理論の強い影響を受けたアメリカ式のSpecial Curricular Activitiesを教育課程に取り入れようとしたのであった。

　第2段階は，昭和30年代からの高度経済成長時代における，我が国独自の課外活動への逆行，これまでの「押しつけられた民主主義教育への抵抗の時代」である。「自由研究」や「特別教育活動」として取り入れられたSpecial Curricular Activitiesは，児童・生徒の自由で自発的な活動としての「課外活動」が発展する余地の少なかった日本の土壌に，敗戦を機に，突如，外部から持ち込まれたため，学校現場では不慣れや戸惑いがあった。なぜなら，戦後の小学校教育を担ったのは，戦前の軍隊式の師範学校で教育を受けた教師達や，戦後の教師不足から，短期の講習を受けて急遽教壇に立っていた高等女学校の卒業

生達だったからである。また物質的条件の不備もあって，必ずしも当初期待された成果を上げぬうちに，昭和30年頃からの，いわゆる「逆コース」によって教育が保守化傾向を強めていく中で，本来は，児童・生徒の自主的な活動を促進するために取り入れた「課外活動」が，徐々に，児童・生徒の訓育・管理に利用する方向へと転換されたのである。

　第３段階は，平成以降であり，学校現場に，いじめ，不登校，学力低下などの問題が横たわり，その改善へ向けて，かつて戦後に輸入されたJ.デューイの教育理論が見直され，民主主義社会の市民育成を目指した「特別活動」の役割が認められつつある時代である。この第３段階は，「臨時教育審議会」の答申以後であり，今日の社会の人間関係の希薄化・空洞化，高齢化，国際化，情報化等の学校教育の現代的課題に，我が国が真剣に対応することを考えるようになった時代である。つまり，「課外活動が果たす役割が理解されうる時代」となったのである。今日では，特別活動と学校の全教育課程との健全な関係に強い関心が向けられ，今日，「集団や社会の形成者としての体験活動」が推進されるようになっている。

3 ｜ 特別支援教育

　特別支援学校学習指導要領等の改訂のポイントは，自立と社会参加を推進するため，幼稚園，小学校，中学校及び高等学校の教育課程の改善，一人ひとりに応じた改善指導を一層充実する。主な改善事項は，以下の通り，障害の重度・重複化，多様化への対応である。

① 障害の重度・重複化，発達障害を含む多様な障害に応じた指導を充実するため，「自立活動」の指導内容として，「他者とのかかわりの基礎に関すること」などを規定する。

② 重複障害者の指導に当たっては，教師間の協力した指導や外部の専門家を活用するなどして，学習効果を高めるようにすることを規定し，一人ひとりに応じた指導を充実する。

③ 一人ひとりの実態に応じた指導を充実するため，すべての幼児，児童，生徒に「個別の指導計画」を作成することを義務付ける。

④ 学校，医療，福祉，労働等の関係機関が連携し，一人ひとりのニーズに応じた支援を行うため，すべての幼児，児童，生徒に「個別の教育支援計画」を作成することを義務付け，自立と社会参加に向けた職業教育を充実する。

⑤ 障害のある子供と障害のない子供との交流及び協同学習を計画的・組織的に行うことを規定する。

　文部科学省の調査では，通常の学級に在籍する発達障害の可能性のある児童生徒の割合は，学習面又は行動面で著しい困難を示す児童生徒は6.5%，学習面で著しい困難を示す児童生徒は4.5%，行動面で著しい困難を示す児童生徒は3.6%，学習面と行動面共に著しい困難を示す児童生徒は1.6%と推計されており，どの学級においても一定数在籍している可能性がある。発達障害等のある児童生徒への対応はどの教師も直面していることであり，指導や評価上の配慮事項もしっかり整理する必要がある。

　平成25（2013）年6月，「障害者の権利に関する条約」の批准に向けた国内法制度の整備の一環として，全ての国民が，障害の有無によって分け隔てなく，相互に人格と個性を尊重し合いながら共生する社会の実現に向け，障害を理由とする差別の解消を推進するために「障害を理由とする差別の解消の推進に関する法律」（以下「障害者差別解消法」という）が制定され，平成28年4月1日に施行された。この法律においては，国立・公立の学校を含めた行政機関等に対して，① 障害を理由とする不当な差別的取扱いを禁止するとともに，② 障害のある幼児，児童，生徒から，社会的障壁の除去を必要としている旨の意思の表明があった場合において，その実施に伴う負担が過重でないときは，当該障害者の性別，年齢及び障害の状態に応じて，社会的障壁の除去の実施について必要かつ合理的な配慮をすることが義務づけられている。また，私立の学校に対しては，上記①の不当な差別的取扱いの禁止の義務及び②の合理的配慮の提供の努力義務が課されている。

　このうち，「合理的配慮」については平成24年7月に中央教育審議会初等中等教育分科会が取りまとめた「共生社会の形成に向けたインクルーシブ教育システムの構築のための特別支援教育の推進（報告）」や，平成27年11月に策定した「文部科学省所管事業分野における障害を理由とする差別の解消の推進に関する対応指針」等において，その基本的な考え方や留意点が示されている。

　また，学習指導要領の総則においても，配慮事項として，「障害のある児童（生徒）などについては，特別支援学校等の助言又は援助を活用しつつ，…（中略）…個々の児童（生徒）の障害の状態等に応じた指導内容や指導方法の工夫を計画的，組織的に行うこと」と規定されている。

　学習指導要領全体の改訂についての審議の中でも，小学校，中学校等における特別支援教育の在り方について検討がなされており，その中で，困難さの状況に応じた指導や評価上の配慮の在り方について議論されている。育成すべき資質・能力の育成や各教科等の目標の実現を目指し，児童生徒の十分な学びが実現できるよう，学習の過程で考えられる「困難さの状態」に対する「配慮の意図」や「手立て」の例を示すことなどについて検討されている。道徳科においては，「相手の気持ちを理解することが苦手で，字義通りの解釈をする場合には，他者の心情を理解するために，役割を交代して動作化や劇化した指導を取り入れる」ことや，「話を最後まで聞いて答えることや順番を守ったりすることが困難であったり，衝動的に行動し，他者の行動を妨げてしまったりする場合，注意が持続できるよう，適度な時間で活動を切り替えるなどの配慮をする。また，他の児童からも許容してもらえるような雰囲気のある，学級づくりにも配慮する」ことが例として示されている（発達障害等のある児童生徒に対する道徳科の指導及び評価上の配慮）。

　文部科学省が定義する「特別支援教育の理念」には，「幼児児童生徒一人一人の教育的ニーズを把握し…幼稚園から高等学校にわたって行われるものである。これまでの特殊教育の対象だけでなく，知的な遅れのない発達障害も含めて…器質的な障害（視覚障害・聴覚障害・運動機能障害・知的障害等）に加え，発達障害者支援法に定義されるLD，ADHD，高機能自閉症等も対象とする。障害の有無やその他の個々の違いを認識しつつ様々な人々が生き生きと活躍できる共生社会の形成の基礎となるものであり…障害のない子供たちにとっても意味を持つものである」とされている。

　つまり，特別支援教育とは，単に障害児をどう教えるか，どう学ばせるかではなく，障害を一つの個性としてもった子，つまり「特別なニーズをもつ子供（children with special needs）」が，どう年齢とともに成長，発達していくか，そのすべてにわたり，本人の主体性を尊重しつつ，できる援助のかたちとは何か考えていこうとする取り組みである。

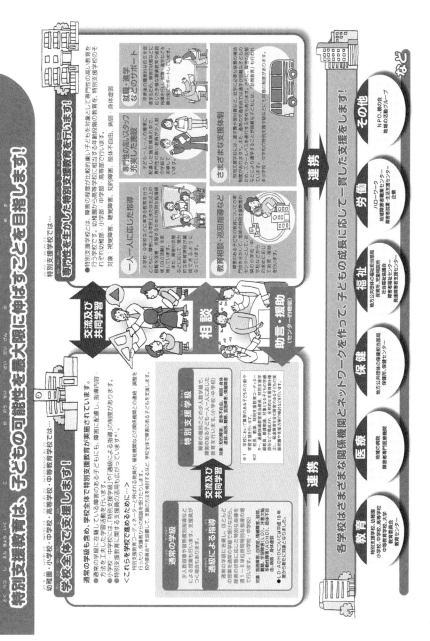

出所：文部科学省パンフレット「特別支援教育」(http://www.mext.go.jp/a_menu/shotou/tokubetu/main/_icsFiles/afieldfile/2015/10/06/1243505_001.pdf).

4 生徒指導

　昭和24（1949）年に「文部省設置法」が制定され，文部省初等中等教育局の所掌事務として「生徒指導」が規定される。文部省は「中学校高等学校の生徒指導」を刊行する。これは，アメリカにおけるガイダンスの理論を骨格として，生徒一人ひとりに対する理論に基づいた指導・援助の方法を中学校・高等学校に確立しようとしたものである。また，同年9月から実施される「特別教育活動」の手引き書となった。集団活動において，生徒の性格・行動に関する問題の解消を図るとともに，自己実現を図るための基礎的な態度の育成を進めようとする機能が示された。更に，個別的な指導・援助の方法としてカウンセリングが強調された。これらは，アメリカで発達したガイダンスを導入しようとしたのであり，生徒指導の用語もガイダンスの訳語であった。昭和26年，学習指導要領一般編において生徒指導（ガイダンス）が学校教育の重要な任務として取り上げられる。一方，小学校においては，伝統的な生活訓練・訓育が見直され，「生活指導」と呼ばれた。

　昭和31年，「地方教育行政の組織及び運営に関する法律」が制定され，教育委員会の職務として「生徒指導に関すること」が規定される。このときの「生徒指導」とは，生徒児童幼児の健康，性格，社会性，公民性及び余暇利用等に関し，教師の行う生活指導，躾をいうとしている。同年，文部省は，「生活指導研究協議会」を全国規模で開催し，生活指導の充実・強化を図ろうとした。このときに「生活指導」という用語が使われている。

　昭和39年，文部省は，生徒指導担当の指導主事（充て指導主事）90人を，生徒指導研究推進校を設置し配置する。同年，生徒指導講座を開催する。昭和40年に生徒指導資料第1集「生徒指導の手引き」を刊行している。「生活指導」という用語は多義であるので，「生徒指導」としたと述べているとともに，「強い指導」という用語が用いられているように，必要に応じて訓練や訓育の手法をも含めている。以後，「生徒指導」という用語が使用されている。

1．生徒指導の意義

　① 生徒指導は，学校教育目標を達成するための機能

生徒指導は，学校がその教育目標を達成するための重要な機能の一つである（文部省「生徒指導の手引き（改訂版）」）。このことは，生徒指導が，教育課程（各教科，特別の教科　道徳，特別活動，総合的な学習の時間）をはじめとする学校の教育活動全体を通じて発揮される教育機能であることを意味する。

例えば，ある教科の授業が行われている場合，学習活動が行われると同時に，授業中のマナーや児童生徒の個性・能力に応じて個別的指導を行うことにより，不適応起こさないように配慮するなどは，生徒指導の機能が働いている。

② 生徒指導は，児童生徒の人格の発達を中心的目標とする

生徒指導は，「全ての生徒のそれぞれの人格のよりよき発達を目指すとともに，学校生活が，生徒の一人ひとりにとっても，また学級や学年，更に学校全体といった様々な集団にとっても，有意義に，かつ，興味深く，充実したものになるようにすることを目指すところにある」（文部省「生徒指導の手引き（改訂版）」）としている。

③ 生徒指導は，児童生徒の人格の発達を助長する，多様な部門における実際的な教育活動

生徒指導の基本的な性格は，次の通りである。

- ・生徒指導は，個別的，発達的な教育を基礎とする
- ・生徒指導は，児童・生徒の人格の価値を尊重し，個性の伸長を測りながら，社会的な資質や行動を高めようとするもの
- ・生徒指導は，現在の生活に即しながら，具体的，実際的な活動として進められる
- ・生徒指導は，統合的な活動

生徒指導は，児童生徒一人ひとりの人格を尊重し，個性の伸長と社会的な資質・能力・態度の育成を図り，さらに児童生徒が自ら現在及び将来における自己実現を図っていくための自己指導能力の育成を目指すものである。そのため，ガイダンス機能の充実を図り，児童生徒の生活実態の把握や内面理解に努め，個々の課題の解決を図るとともに，望ましい集団活動を通して，自らの課題を解決する意欲と実践力を育成することが必要である。また，学級や学校での児童生徒相互の人間関係の在り方は，児童生徒の健全な成長と深くかかわっている。児童生徒一人ひとりが存在感をもち，共感的な人間関係をはぐくみ，自己

決定の場を豊かにもち，自己実現を図っていく望ましい集団の実現は極めて重要である。したがって，児童生徒の問題行動への対処といった面にとどまらず，一人ひとりの児童生徒はかけがえのない存在であるとの人間観に基づき，児童生徒の人格形成や学校生活の充実を図ることによって，生徒指導の機能が発揮されることになるのである。

　自己指導力とは，自己をありのまま認め，自己に対する洞察を深め，これらを基盤に自ら追求する目標を明確化し，目標達成のため，自発的・自律的に自らの行動を決断し，実行することなどが含まれる。児童生徒が日常生活のそれぞれの場で，どのような行動の選択が適切であるか，自分で判断して実行し，またそれらについて責任をとるという経験を広く持つことの積み重ねを通じて育成される。

2．生徒指導と教育相談

　生徒指導は，集団指導と個別指導に分けて考えられるが，一般に教育相談は，このうち個別・非公開による指導・援助の中心的なものをいう。一人ひとりの児童生徒のもつ不安や悩みは，個人によってそれぞれ事情を異にするので，集団指導による一般的・共通的な指導だけでは解決できないことが多い。そのため，きめ細かな個別的な対応が必要となり，教育相談が大きな役割を果たすことになる。教育相談とは，「一人ひとりの子どもの教育上の諸問題について，本人又はその親，教師などに，その望ましい在り方について指導助言すること」（文部省「生徒指導の手引き（改訂版）」）である。今日では，予防的な側面，更には開発的な側面への役割の重要性が強調されている。教育相談は，教師と児童生徒との温かい人間関係を育み，受容的・共感的な相互理解を基盤として行われるものである。

3．児童生徒を取り巻く環境の変化と問題行動

　児童生徒の健やかな成長のためには，家庭や地域社会において様々な体験を重ねることが必要であると言われている。しかし，今日の社会の急速な変化は，児童生徒を取り巻く環境にも大きな変化をもたらした。十分な生活体験や自然体験を得られない状況がみられるようになり，児童生徒は物質的な豊かさや便利さの中で生活する一方，時間的にも精神的にもゆとりのない忙しい生活を送

るようになった。このような状況の中で，人間関係を築く力が弱いなど社会性の不足や規範意識の低下，自立の遅れなど，様々な問題が指摘されている。児童生徒の問題行動は，いじめの深刻さ，薬物乱用及び性の逸脱行動の増加，低年齢化，凶悪・粗暴化など多様化している。不登校については，様々な取組が行われているが増加を続け，社会的な課題となっている。このように，現在の児童生徒の生活実態から，家庭や地域社会を含めた様々な教育上の課題が生じてきている。児童生徒を取り巻くこれらの教育上の課題を解決するために，生徒指導の機能を生かした教育活動の充実を図ることが学校に期待されている。

児童生徒の問題行動への対応について次のことが考えられる。

① 学校と関係機関は，単なる情報交換でなく，行動連携を行う必要がある。
② 地域住民に信頼される学校づくりのため，学校は自らの責任を十分果たしつつ，家庭や地域，関係機関と積極的に連携を図る。

5 学級経営（高等学校…ホームルーム経営）

学級は，学校教育の目的を達成されするために，一定の基準を基にして編制された制度としての組織である。学習指導及び生徒指導の基本単位でもある。我が国において，今日のように一人の本務教員と一段の児童，一教室となったのは，1891（明治24）年の文部省令「学級編成等ニ関スル規則ノコト」からである。

学級経営は，学校経営や学年経営の基本的な経営方針を受けて，学級を担任する教師が学級の実態を正しく把握し，児童生徒との人間関係を深めながら，より健全な学級集団を育てていく日常的な営みである。その活動として次のものがある。

児童生徒のまとまりをつくりあげる活動，学級で行われる教科・領域の活動，教室の環境を整える活動及び学級事務にかかわる活動である。

学習指導・生徒指導を含め，自校の学校教育の目標に即した活動全体の構想を描き，学級経営方針を立て，この方針を基に学級経営目標を設定し目標実現に向けて学級活動の指導計画を作成することが大切である。これは，学級の教育目標の実現に向けて学級風土を醸成し，学習と生活の成立を意図とする諸条

件を調整する準備とプロセスの学級経営案である。P→D→C→Aのマネージメ
ントサイクルによる学級経営の評価の営みである。

1．小学校

　小学校の学級担任は，学級の指導と教科の指導をほぼ一人で担当し，一日の
ほとんどの時間を児童と接するので，教師の一挙一動の影響は大きいものがあ
るといえる。教師は児童と共に学んでいこうとする姿勢も大切である。

　学級活動の内容については，① 学級・学校生活充実活動（仮称），② 適応・
生徒指導（仮称）で構成する。

　① 学級・学校生活充実活動（仮称）については，自らよりよい生活を築くた
めに合意形成をする話合い活動や自分たちでルールをつくって守る活動などを
一層重視する。また，自らよりよい学級生活の実現に取り組む意欲をはぐくむ
とともに，集団の一員としての自覚や責任感を高め，勤労を重視する観点から
係活動とともに，日常の清掃などの当番活動も計画的に指導できるようにする。

　② 適応・生徒指導（仮称）については，いわゆる小１プロブレムなどの集団
の適応にかかわる問題を重視し，よりよい人間関係を築くための社会的スキル
を身に付けるための活動を効果的に取り入れる。特に小学校入学時には，幼児
教育との接続，高学年では自己の生き方を取り上げるなど中学校における教育
との接続に配慮して，指導の重点化を図る。

（中央教育審議会　初等中等教育分科会　教育課程部会「教育課程部会におけるこれまでの
審議のまとめ」平成19年11月 7 日，p.127）

2．中・高等学校

　中・高等学校の学級（ホームルーム）担任は，担当教科の指導と学級の指導に
当たるが，常時学級の生徒と接しているわけではないので，他の教科担当教員
等と連携し，生徒の掌握に努めることが大切である。また，生徒の諸活動の基
盤である学級を生徒の指導の基礎的な場として位置付け，生徒とのかかわりを
できるだけ多くもつように努めながら，生徒のまとまりにも留意して指導を行
う必要がある。

・中学校の学級活動の内容については，① 学級・学校生活充実活動（仮称），

② 適応・生徒指導（仮称），③ 学業・進路指導（仮称）の３つの内容から構成する。その際，発達の段階を踏まえて，自らよりよい学校生活の実現に取り組む意欲の向上，集団や社会の一員としての守るべきルールやマナーの習得，望ましい勤労観・職業観の育成，将来への希望と自立といった人間としての生き方の自覚などにかかわる事項に重点を置き，内容を整理する。また，いわゆる中１ギャップが指摘されるなど集団の適応にかかわる問題や思春期の心の問題の重要性に鑑み，よりよい人間関係を築くための社会的スキルを身に付けるための活動を効果的に取り入れる。特に中学校入学時には，小学校との接続に配慮して，指導の重点化を図る。

（中央教育審議会　初等中等教育分科会　教育課程部会「教育課程部会におけるこれまでの審議のまとめ」平成19年11月７日，p.128）

・高等学校学校のホームルーム活動の内容については，① ホームルーム・学校生活充実活動（仮称），② 適応・生徒指導（仮称），③ 学業・進路指導（仮称）の３つの内容から構成する。その際，自らよりよい学校生活の実現に取り組む意欲をはぐくむとともに，社会的自立を主体的に進める観点から，集団や社会の一員として守るべきルールやマナー，社会生活上のスキルの習得，望ましい勤労観・職業観の育成，人間形成や将来設計といった人間としての在り方・生き方の自覚などにかかわる事項に重点を置き，内容を整理する。また，学校生活への適応や社会的自立の重要性に鑑み，ガイダンスの充実を図る。

（中央教育審議会　初等中等教育分科会　教育課程部会「教育課程部会におけるこれまでの審議のまとめ」平成19年11月７日，p.128-129）

考　察

1　特別活動の日本型発展段階について述べよ。
2　特別活動の学習指導案を作成し，授業構想に適切な教育方法について述べよ。
3　特別支援教育の意義について述べよ。
4　生徒指導と「深い学び」について述べよ。
5　生徒指導の意義について述べよ。
6　小学校における学級経営の在り方について述べよ。
7　中学校・高等学校の学級経営（ホームルーム経営）の在り方について述べよ。

■■　**参考文献**

石村卓也『教師論』ブックセンター，2004年。

伊藤朋子「特別活動におけるJ.デューイの「活動的な仕事」」『四天王寺大学紀要』2013年。

奥田真丈編，熱海則夫ほか『学校経営実践講座 3 』第一法規，1979年。

奥田真丈編，熱海則夫ほか『学校経営実践講座 6 』第一法規，1979年。

児島邦宏・天笠茂編『柔軟なカリキュラムの経営』ぎょうせい，2001年。

文部科学省「教育課程企画特別部会　論点整理について（報告）」2015年 8 月26日。

文部科学省「チームとしての学校の在り方と今後の改善方策について（答申）」（中教審第
　　185号），2015年12月21日。

文部科学省「教育課程部会　教育課程企画特別部会（第19回）　配付資料」2016年 8 月 1 日。

文部科学省「次期学習指導要領等に向けたこれまでの審議のまとめについて（報告）」（教
　　育課程部会），2016年 8 月26日。

文部科学省「幼稚園，小学校，中学校，高等学校及び特別支援学校の学習指導要領等の改
　　善及び必要な方策等について（答申）」（中教審第197号），2016年12月21日。

文部科学省「特別支援学校小学部・中学部学習指導要領」2017年 4 月。

Department for Education and Employment, Excellence for all children: Meeting Special
　　Educational Needs, The Stationary Office U. K., 1977.

第 12 章

「総合的な学習の時間」における探究学習
——学習指導要領改訂のポイント 3 ——

1 はじめに

　平成29 (2017) 年 3 月公示の新学習指導要領では，第 5 章　総合的な学習の時間の「目標」として，「探究的な見方・考え方」を掲げ，以下の通り，（1）（2）（3）の項目が新設された。

　探究的な見方・考え方を働かせ，横断的・総合的な学習を行うことを通して，よりよく課題を解決し，自己の生き方を考えていくための資質・能力を次のとおり育成することを目指す。

（1）探究的な学習の過程において，課題の解決に必要な知識及び技能を身に付け，課題に関わる概念を形成し，探究的な学習のよさを理解するようにする。

（2）実社会や実生活の中から問いを見いだし，自分で課題を立て，情報を集め，整理・分析して，まとめ・表現することができるようにする。

（3）探究的な学習に主体的・協働的に取り組むとともに，互いのよさを生かしながら，積極的に社会に参画しようとする態度を養う。

　平成10年の学習指導要領の改訂において，「総合的な学習の時間」は創設され，小学校 3 年から中学校，高等学校までの全課程に位置づけられた。これは，我が国のカリキュラム史上画期的な出来事である。

　石村卓也『教育課程——これから求められるカリキュラム開発力——』では，「1872年（明治 5 年）の「学制」という公教育制度発足以来，時代により，教科

数や名称は変化してきたものの，それは，主として，分離型の教科カリキュラムが中心であった。従って，「総合的な学習の時間」の創設は，教育課程編成，教育内容，リソースの選択・組織，教授組織，評価，児童生徒の学習活動など根本的に見直したものであり，まさに学校教育の基調を転換したものであり，学校パラダイムの転換を図ったものであった」としている。

　このような「総合的な学習の時間」における，明治5年の「学制」以来の学校パラダイムの転換について，ここでは，総合的な学習の時間の創設にまでさかのぼってその経緯を解説した上で，その後の改訂について，その趣旨を述べる。

2 | 創設の経緯

　平成10（1998）年の学習指導要領の改訂においては，中学校の教育課程に新たに総合的な学習の時間を創設することとし，各学校が地域や学校，生徒の実態等に応じ，横断的・総合的な学習など創意工夫を生かした教育活動を行うようにした。総合的な学習の時間については，これからの教育の在り方として「ゆとりの中で「**生きる力**」をはぐくむ」との方向性を示した平成8年7月の中央教育審議会「21世紀を展望した我が国の教育の在り方について」（第一次答申）において創設が提言された。この答申では，「「生きる力」が全人的な力であるということを踏まえると，横断的・総合的な指導を一層推進し得るような新たな手立てを講じて，豊かに学習活動を展開していくことが極めて有効であると考えられる」とし，「一定のまとまった時間（総合的な学習の時間）を設けて横断的・総合的な指導を行うこと」を提言した。

　この提言を受けて，教育課程の基準の改善について具体的な検討を進めてきた平成10年7月の教育課程審議会の答申において，その改善のねらいを効果的に実現するように，各学校が創意工夫を生かした特色ある教育活動を展開できるようにするとともに，新たに総合的な学習の時間を創設することが提言されたのである。この平成10年の答申を踏まえ，学校教育法施行規則において，総合的な学習の時間を各学校における教育課程上必置とすることを定めるとともに，その標準授業時数を定め，総則において，その趣旨，ねらい等について定めた。

3 平成15年の一部改正の趣旨

　平成15（2003）年10月の中央教育審議会「初等中等教育における当面の教育課程及び指導の充実・改善方策について」（答申）を受けた学習指導要領の一部改正では，各学校の総合的な学習の時間の一層の充実を図ることとし，学習指導要領の記述の見直し，各学校における取組内容の不断の検証等が示された。平成14年の学習指導要領全面実施以降，総合的な学習の時間の成果は一部で見られてきたものの，実施に当たっての難しさも指摘されてきた。例えば，各学校において目標や内容を明確に設定していない，必要な力が生徒に付いたかについて検証・評価を十分に行っていない，教科との関連に十分配慮していない，適切な指導が行われず教育効果が十分に上がっていないなど，改善すべき課題が少なくない状況にあった。そこで，平成15年12月に，学習指導要領の一部を改正した。具体的には，各教科や道徳，特別活動で身に付けた知識や技能等を関連付け，学習や生活に生かし総合的に働くようにすること，各学校において総合的な学習の時間の目標及び内容を定めるとともにこの時間の全体計画を作成する必要があること，教師が適切な指導を行うとともに学校内外の教育資源の積極的な活用などを工夫する必要があること，について学習指導要領に明確に位置付けた。

　教科横断的な課題について，児童・生徒が課題探究することを学習の理念とする授業は，平成10年の学習指導要領の改訂に伴って導入が決定し，全国の小学校３年〜中学校と盲・聾（ろう）・養護学校（現，特別支援学校）の小・中学部では平成14年度から，高等学校と盲・聾・養護学校の高等部では平成15年度から実施された。

　「総合的な学習の時間」は，「総合的学習」「総合学習」ともよばれる。決められた教科書はなく，教科の枠をこえ，児童・生徒が自ら課題をみつけ，学び，調べ，考え，主体的な思考力や問題解決能力を培うことを目指す。授業内容や授業方法は各学校にゆだねられており，学習指導要領には国際理解，情報，環境，福祉・健康などの横断的総合的課題のほか，児童・生徒の興味・関心に基づく課題，地域や学校の特色に応じた課題，グループ学習や個人研究などの多様な学習形態といった大まかな観点が例示されている。具体的には，地域環境

教育，防災・減災教育，ボランティア体験，農業・林業・水産業体験，自然体験，観察・実験・調査・発表・討論などの各種の体験学習，地域の人々や学外の人を講師に招いての交流学習，ものづくりなど地場産業の生産活動・作業学習，新聞を活用した教育，ネイティブ・スピーカー（特別非常勤講師）との英会話など外国語の時間や国際教育，パソコンやタブレット型端末を使ったIT（情報技術）教育などが行われている。

　授業時間数は導入当初は，週 3 時間程度であったが，ゆとり教育の象徴的な学習時間とみられてきたために「ゆとり教育が学力低下を招いた」「総合的な学習の時間が学力向上に寄与するか疑問」との批判を受け，平成20年の学習指導要領の改訂に伴い，平成23年度から週 2 時間程度に削減された。しかし2013（平成25）年の全国学力テスト（対象は小学 6 年，中学 3 年）の結果を分析すると，「総合的な学習の時間」に積極的に取り組む学校や児童・生徒ほどテスト結果がよいことが判明しており，学力との関係から「総合的な学習の時間」や教科横断的な学習方法について，文部科学省や教育の専門家の間では再評価する動きが出ている。

　21世紀は，新しい知識・情報・技術が政治・経済・文化をはじめ社会のあらゆる領域での活動の基盤として飛躍的に重要性を増す，いわゆる「知識基盤社会」の時代であると言われている。このような知識基盤社会化やグローバル化は，アイディアなど知識そのものや人材をめぐる国際競争を加速させる一方で，異なる文化や文明との共存や国際協力の必要性を増大させている。このような状況において，確かな学力，豊かな心，健やかな体の調和を重視する「生きる力」をはぐくむことがますます重要になっている。

　他方，OECD（経済協力開発機構）のPISA調査など各種の調査からは，我が国の児童生徒については，例えば，① 思考力・判断力・表現力等を問う読解力や記述式問題，知識・技能を活用する問題に課題，② 読解力で成績分布の分散が拡大しており，その背景には家庭での学習時間などの学習意欲，学習習慣・生活習慣に課題，③ 自分への自信の欠如や自らの将来への不安，体力の低下といった課題が見られるところである。このため，平成17年 2 月には，文部科学大臣から，21世紀を生きる子供たちの教育の充実を図るため，教員の資質・能力の向上や教育条件の整備などと併せて，国の教育課程の基準全体の見直しについて検討するよう，中央教育審議会に対して要請し，同年 4 月から審議が

開始された。この間，教育基本法改正，学校教育法改正が行われ，**知・徳・体**のバランス（教育基本法第2条第1号）とともに，基礎的・基本的な知識・技能，思考力・判断力・表現力等及び学習意欲を重視し（学校教育法第30条第2項），学校教育においてはこれらを調和的にはぐくむことが必要である旨が法律上規定されたところである。中央教育審議会においては，このような教育の根本にさかのぼった法改正を踏まえた審議が行われ，2年10カ月にわたる審議の末，平成20年1月に「幼稚園，小学校，中学校，高等学校及び特別支援学校の学習指導要領等の改善について」答申を行った。この答申においては，上記のような児童生徒の課題を踏まえ，① 改正教育基本法等を踏まえた学習指導要領改訂，② 「生きる力」という理念の共有，③ 基礎的・基本的な知識・技能の習得，④ 思考力・判断力・表現力等の育成，⑤ 確かな学力を確立するために必要な授業時数の確保，⑥ 学習意欲の向上や学習習慣の確立，⑦ 豊かな心や健やかな体の育成のための指導の充実を基本的な考え方として，各学校段階や各教科等にわたる学習指導要領の改善の方向性が示された。

　この答申を踏まえ，平成20年3月28日に学校教育法施行規則を改正するとともに，幼稚園教育要領，小学校学習指導要領及び中学校学習指導要領を公示した。中学校学習指導要領は，平成21年4月1日から移行措置として数学，理科等を中心に内容を前倒しして実施するとともに，平成24年4月1日から全面実施することとしている。

4 ｜ 平成20年改訂の趣旨

　改訂は，平成20（2008）年1月の中央教育審議会の答申に基づいて行われた。この答申においては，総合的な学習の時間の課題について，次のように指摘された。総合的な学習の時間の実施状況を見ると，大きな成果を上げている学校がある一方，当初の趣旨・理念が必ずしも十分に達成されていない状況も見られる。また，小学校と中学校とで同様の学習活動を行うなど，学校種間の取組の重複も見られる。こうした状況を改善するため，総合的な学習の時間のねらいを明確化するとともに，子供たちに育てたい力（身に付けさせたい力）や学習活動の示し方について検討する必要がある。総合的な学習の時間においては，補充学習のような専ら特定の教科の知識・技能の習得を図る教育が行われたり，

運動会の準備などと混同された実践が行われたりしている例も見られる。そこ
で，関連する教科内容との関係の整理，中学校の選択教科との関係の整理，特
別活動との関係の整理を行う必要がある。これらを受け，答申では，総合的な
学習の時間の改善の基本方針について，以下のようにまとめられた。

　①　総合的な学習の時間は，変化の激しい社会に対応して，自ら課題を見付け，
自ら学び，自ら考え，主体的に判断し，よりよく問題を解決する資質や能力を
育てることなどをねらいとすることから，思考力・判断力・表現力等が求めら
れる「知識基盤社会」の時代においてますます重要な役割を果たすものである。
その課題を踏まえ，基礎的・基本的な知識・技能の定着やこれらを活用する学
習活動は，教科で行うことを前提に，体験的な学習に配慮しつつ，教科等の枠
を超えた横断的・総合的な学習，探究的な活動となるよう充実を図る。

　②　総合的な学習の時間の教育課程における位置付けを明確にし，各学校に
おける指導の充実を図るため，総合的な学習の時間の趣旨等について，総則か
ら取り出し新たに章立てをする。

　③　総合的な学習の時間において，学校間・学校段階間の取組の実態に差が
ある状況を改善する必要がある。そのため，教科において，基礎的・基本的な
知識・技能の確実な習得やその活用を図るための時間を確保することを前提に，
総合的な学習の時間と各教科，選択教科，特別活動のそれぞれの役割を明確に
し，これらの円滑な連携を図る観点から，総合的な学習の時間におけるねらい
や育てたい力を明確にすることが求められる。

　④　学校段階間の取組の重複の状況を改善するため，子供たちの発達の段階
を考慮し，各学校における実践を踏まえ，各学校段階の学習活動の例示を見直
す。今回の改訂では，総合的な学習の時間の教育課程における位置付けを明確
にし，各学校における指導の充実を図るため，総則から取り出し新たに第 4 章
として位置付けることとした。

　内容の取扱いの改善では，探究的な学習としての充実—総合的な学習の時間
については，自ら学び自ら考える力などの「**生きる力**」をはぐくむために，既
存の教科等の枠を超えた横断的・総合的な学習となることを目指して実施され
てきた。このことに加えて探究的な学習となることを目指している。基礎的・
基本的な知識・技能の定着やこれらを活用する学習活動は，教科で行うことを
前提に，総合的な学習の時間においては，体験的な学習に配慮しつつ探究的な

学習となるよう充実を図ることが求められている。すなわち，総合的な学習の時間と各教科等との役割分担を明らかにし，総合的な学習の時間では探究的な学習としての充実を目指している。このことについては目標において明示するとともに，内容の取扱いにおいても「探究的な学習」「探究活動」「問題の解決や探究活動の過程」などとして複数箇所に示している。学校間の取組状況の違いと学校段階間の取組の重複については，総合的な学習の時間の課題として，学校間の取組の実態に差がある状況や学校段階間の取組が重複していることが挙げられる。学校間の取組の状況に違いがあることを改善するために，総合的な学習の時間において育てようとする資質や能力及び態度の視点を例示することとした。例示する視点としては，「学習方法に関すること，自分自身に関すること，他者や社会とのかかわりに関することなど」とした。このことにより，各学校において設定する育てようとする資質や能力及び態度が一層明確になることを目指した。併せて，学校段階間の取組の重複を改善するために，学校段階間の学習活動の例示を見直した。従前から示されていた学習活動は，「例えば国際理解，情報，環境，福祉・健康などの横断的・総合的な課題，生徒の興味・関心に基づく課題，地域や学校の特色に応じた課題などについて，学校の実態に応じた学習活動を行うものとする」とされていた。

5 │ 平成29年の改訂

　今回の改訂では，「探究的な見方・考え方を働かせ，横断的・総合的な学習を行うことを通して」，探究的な学習のよさを理解すること，自分で課題を立て，情報を集め，整理・分析して，まとめ・表現すること，積極的に社会に参画しようとする態度を養うことが掲げられている。

　中学校の新学習指導要領には，以下の通り，目標が掲げられている。

　探究的な見方・考え方を働かせ，横断的・総合的な学習を行うことを通して，よりよく課題を解決し，自己の生き方を考えていくための資質・能力を次のとおり育成することを目指す。

　（1）探究的な学習の過程において，課題の解決に必要な知識及び技能を身に付け，課題に関わる概念を形成し，探究的な学習のよさを理解するようにする。

　（2）実社会や実生活の中から問いを見いだし, 自分で課題を立て, 情報を集め, 整理・分析して, まとめ・表現することができるようにする。

　（3）探究的な学習に主体的・協働的に取り組むとともに, 互いのよさを生かしながら, 積極的に社会に参画しようとする態度を養う。

　総合的な学習の時間において, 「横断的・総合的な学習や探究的な学習を通して」としたのは, 「生きる力」が全人的な力であることを踏まえると, 横断的・総合的な指導を一層推進する必要があるためである。また, 各教科等の学習を通して身に付けた知識・技能等は, 本来生徒の中で一体となって働くものと考えられるし, 一体となることが期待されている。さらに, 容易には解決に至らない日常生活や社会, 自然に生起する複合的な問題を扱う総合的な学習の時間において, その本質を探って見極めようとする探究的な学習によって, この時間の特質を明確化する必要がある。

　高等学校における総合的な学習の時間は, 特定の分野を前提とせず, 実社会・実生活から自ら見いだした課題を探究することを通じて, 小・中学校における学びを基盤としながら, より自分のキャリア形成の方向性を考えることにつなげるものである。いわば, 生涯にわたって探究する能力を育むための, 初等中等教育最後の総仕上げとなる重要な時間である。一方で, 小・中学校と比較して高等学校での取組が低調であるとの指摘もあるところである。

　探究的な学習とは, 物事の本質を探って見極めようとする一連の知的営みのことである。探究的な学習では, 次のような生徒の学習の姿を見出すことができる。事象をとらえる感性や問題意識が揺さぶられて, 学習活動への取組が真剣になる。身に付けた知識・技能を活用し, その有用性を実感する。見方が広がったことを喜び, さらなる学習への意欲を高める。概念が具体性を増して理解が深まる。学んだことを自己と結び付けて, 自分の成長を自覚したり自己の生き方を考えたりする。このように, 探究的な学習においては, 生徒の豊かな学習の姿が現れる。国際理解, 情報, 環境, 福祉・健康などの課題及び日常生活や社会とのかかわりの中から見出される課題は, 「答えが多様で正答の定まらない問い」といった性質のものであることが多い。また, それらは, 多様な視点から積極的に探究する中で, 納得できる見方や考え方, 解決の方途等を自分たちで生み出すことが求められている課題でもある。生徒は主体性, 創造性,

協同性を発揮し，試行錯誤しながらも学習対象とのやりとりを通じて，複雑に入り組んだ社会や生活の諸問題を解き明かしていく。そうした中で，新たな認識を得たり，資質や能力及び態度を身に付けたりしながら，自己の生き方を考えることができるようにする学習活動が望まれている。

　創設時より，総合的な学習の時間では，「生きる力」をはぐくむために，自ら課題を見付け，自ら学び，自ら考え，主体的に判断し，よりよく問題を解決する資質や能力の育成を重視してきた。日常生活や社会には，解決すべき問題が多方面に広がっている。その問題は，複合的な要素が入り組んでいて，答えが一つに定まらず，容易には解決に至らないことが多い。「自ら課題を見付け」とは，そうした問題と向き合って，自分で取り組むべき課題を見出すことである。この課題は，解決を目指して学習するためのものである。その意味で課題は，生徒が解決への意欲を高めるとともに，解決への具体的な見通しをもてるものであり，そのことが主体的な課題の解決につながっていく。課題は，問題をよく吟味して生徒が自分でつくり出すことが大切である。

　「総合的な学習の時間」の目標は，「横断的・総合的な学習や探究的な学習を通して，自ら課題を見付け，自ら学び，自ら考え，主体的に判断し，よりよく問題を解決する資質や能力を育成するとともに，学び方やものの考え方を身に付け，問題の解決や探究活動に主体的，創造的，協同的に取り組む態度を育て，自己の生き方を考えることができるようにする」ことである。また，「指導計画の作成と内容の取扱い」については，全体計画及び年間指導計画の作成に当たっては，学校における全教育活動との関連の下に，目標及び内容，育てようとする資質や能力及び態度，学習活動，指導方法や指導体制，学習の評価の計画などを示すこと，地域や学校，児童の実態等に応じて，教科等の枠を超えた横断的・総合的な学習，探究的な学習，児童の興味・関心等に基づく学習など創意工夫を生かした教育活動を行うこと，日常生活や社会とのかかわりを重視すること，育てようとする資質や能力及び態度については，例えば，学習方法に関すること，自分自身に関すること，他者や社会とのかかわりに関することなどの視点を踏まえること，学習活動については，学校の実態に応じて，例えば国際理解，情報，環境，福祉・健康などの横断的・総合的な課題についての学習活動，児童の興味・関心に基づく課題についての学習活動，地域の人々の暮らし，伝統と文化など地域や学校の特色に応じた課題についての学習活動な

どを行うこと，各教科，道徳，外国語活動及び特別活動で身に付けた知識や技能等を相互に関連付け，学習や生活において生かし，それらが総合的に働くようにすること等が，あげられている。

　内容の取扱いについては，各学校において定める目標及び内容に基づき，児童の学習状況に応じて教師が適切な指導を行うこと，問題の解決や探究活動の過程においては，他者と協同して問題を解決しようとする学習活動や，言語により分析し，まとめたり表現したりするなどの学習活動が行われるようにすること，自然体験やボランティア活動などの社会体験，ものづくり，生産活動などの体験活動，観察・実験，見学や調査，発表や討論などの学習活動を積極的に取り入れること，体験活動については，問題の解決や探究活動の過程に適切に位置付けること，グループ学習や異年齢集団による学習などの多様な学習形態，地域の人々の協力も得つつ全教師が一体となって指導に当たるなどの指導体制について工夫を行うこと，学校図書館の活用，他の学校との連携，公民館，図書館，博物館等の社会教育施設や社会教育関係団体等の各種団体との連携，地域の教材や学習環境の積極的な活用などの工夫を行うこと，国際理解に関する学習を行う際には，問題の解決や探究活動に取り組むことを通して，諸外国の生活や文化などを体験したり調査したりするなどの学習活動が行われるようにすること，情報に関する学習を行う際には，問題の解決や探究活動に取り組むことを通して，情報を収集・整理・発信したり，情報が日常生活や社会に与える影響を考えたりするなどの学習活動が行われるようにすること等があげられる。

6 ｜ 探究学習とデューイの「探究」，統合カリキュラム

　J.デューイ (John Dewey, 1859-1952) の**「探究」**(inquiry) は，我が国が目指している「総合的な学習の時間」における問題解決的な「探究学習」に通じるものであり，1930年代のアメリカで，その影響を受けて開発されたドルトン・スクールの「統合カリキュラム」の原理である。

　それは，「コアとしての教科」を設定するのではなく，教職員との綿密な話し合いを通して，生徒の興味を喚起しひとりひとりの充実した経験を生み出すような「方向づけの軸 (center of orientation)」を定め，それを基礎としたドルトン・

スクール独自の「統合カリキュラム (integrated curriculum)」を生み出すという方法がとられた。「方向づけの軸」として，1934～1935年に定められたものは以下のとおりである。

  9 年生：大都市共同体としてのニューヨーク市における生活
10年生：今日のアメリカ合衆国における生活を特徴づける政治的経済的文化的傾向
11年生：今日のわたしたちの生活へのヨーロッパ文化の影響
12年生：顕著な国際問題とアメリカとの関係

八年研究の「統合カリキュラム」は，3 人のカリキュラム・ディレクター (Curriculum Director) を迎え，パーカーストら教職員が生徒の意見を考慮して開発したものであり，9 年生の「保育 (Nursery)」として知られているプログラムもその一つであった。それは，生徒たちがボランティアで恵まれない家庭の幼児の世話をするものであり，ドルトン・スクールの「社会奉仕活動 (Community Service)」の基礎となった。そして，この時研究された「統合カリキュラム」は，八年研究が終了した後もドルトン・スクールに長年影響を与えたのである。

アメリカ進歩主義教育運動の時代，1919年に，ヘレン・パーカースト (Helen Parkhurst, 1887-1973)によってニューヨークに創立されたドルトン・スクール(The Dalton School)の教育は，J.デューイの多大な影響を受けている。ドルトン・スクールでは，ドルトン・プラン (Dalton Plan) における教育方法の三本柱といわれている「ハウス (House)」「アサインメント (Assignment)」「ラボラトリー (Laboratory)」を通して，今日まで，「自由」と「協同」の融合調和によって生み出される「探究」や「経験」の質を向上させることに努力してきた。つまり，今日注目されてきている「自己調整学習 (Self-Regulated Learning)」や，「反省的思考 (Reflective Thinking)」及び「批判的思考 (Critical Thinking)」を，ほぼ一世紀にわたり追求し実践してきたのである。

デューイやパーカーストが主張した「探究」，「真の経験」は，八年研究への参加によって実現され始めた。セメルは，「パーカーストと彼女のスタッフは八年研究の間彼らの教育哲学を完全にし，その考えをカリキュラムの中に実践した」，「人間形成，社会的自覚，協同精神は，ドルトンにおける経験から得られた質 (qualities) として明らかにされ，ドルトン教育固有の価値が発見される

ようになった」と述べている。ドルトン・スクールでは，反省的思考のベースとなる教育的な経験を生み出すために，子供の興味を反映した「方向づけの軸」（center of orientation）を基礎として，カリキュラムの枠組みを越えた生活経験重視の統合カリキュラムが構成された。

　デューイは，『行動の論理学—探求の理論』において，反省的思考を「探究」としてとらえている。「探究」について，デューイは「人びとが現実にどのように思考するかは，私の解釈では，その時代に人びとがどのような探究をおこなうか，ということを端的にしめしている」と述べている。デューイによれば，「探究」とは，「不確定な状況を，確定した状況に方向づけられた仕方で転化させることである」としており，問題解決学習の基礎理論である。

　パーカーストはデューイの「探究」，「経験」，「習慣」などの考えの影響を受け，八年研究において「自由」と「協同」の融合調和の実現に努め，経験の質を教育的なものへと改善しようとしたのである。ゆえにドルトン・プランにおける「真の経験」，「完結した経験」とは，「審美的質」（esthetic quality）に満ちあふれた経験，直接的に体感する「質的」（qualitative）な経験，次の経験へと流れ込み統合され新しい経験を創造するように移行していく経験であり，「探究」が生まれる母体となる「完全な経験」である。

　この「探究」が生まれる母体となる「完全な経験」についてデューイは，『経験としての芸術』（Art as Experience, 1934）の中で，リズムを伴った経験の流れが不断に融合され内的に完成されているものであると述べ，「リズム」を自然との関係において捉え，経験を助長して限りなく「完全な経験」にする基礎となるものであるとしている。パーカーストが主張した「真の経験」は，八年研究への参加によって実現され始めた。セメルは，「パーカーストと彼女のスタッフは八年研究の間彼らの教育哲学を完全にし，その考えをカリキュラムの中に実践した」，「人間形成，社会的自覚，協同精神は，ドルトンにおける経験から得られた質（qualities）として明らかにされ，ドルトン教育固有の価値が発見されるようになった」と述べている。

　ドルトン・プランの原理である「自由」と「協同」の融合調和レベルとは，デューイの「経験」の理論的発展段階より，セルフアクション（self-action）—「自由」と「協同」は別々に存在し，相互の関わりがないレベル，インタラクション（interaction）—「自由」と「協同」は同時に存在し，相互作用しているレベル，

トランズアクション（transaction）―「自由」と「協同」は根元的に統合され，有機的に関わり合って場を形成しているレベルである。

　教育的「経験」の質をトランズアクションへと近づけることによって，人間形成的意義のある民主主義教育が実現される。「トランズアクション」のレベルでは，コミュニケーション能力の発達によって，「内発的動機づけ」や「メタ認知」を伴う「自己調整学習」,「批判的思考」及び「反省的思考」による「探究」（inquiry）が生まれ，子供の行動が自律的で，難しい課題を与えられてもあきらめずに問題を解決する粘り強い取り組みや,深く持続する学習がなされる。

　以上のようなコミュニケーション能力の発達によって，「内発的動機づけ」や「メタ認知」を伴う「自己調整学習」,「批判的思考」及び「反省的思考」による「探究」を実現させるような「統合カリキュラム」を作成することによって，問題解決的な「総合的な学習の時間」が実現されなければならない。

7 ｜ 令和の日本型学校教育

　J.デューイの「探究」の理論や，ドルトン・プランの原理において，「個性重視の学び」と「協同的な学び」が，同時に実現されてきたように，2021（令和3）年1月26日の中央教育審議会答申『「令和の日本型学校教育」の構築を目指して』においても，「個別最適な学び」と，「協働的な学び」の実現の方向性が打ち出された。

　答申によると，我が国では，家庭の経済状況や地域差，本人の特性等にかかわらず，全ての子供たちの知・徳・体を育むため，「日本型学校教育」を行ってきた。これまでの「日本型学校教育」が果たしてきたのは，以下の3つの保障である。

　　① 学習機会と学力の保障
　　② 社会の形成者としての全人的な発達・成長の保障
　　③ 安全・安心な居場所・セーフティネットとしての身体的，精神的な健
　　　康の保障

この3つの保障を，学校教育の本質的な役割として重視し，これを継承していくことが必要である。

　そして，子供たちの可能性を引き出す「**個別最適な学び**」と，「**協働的な学び**」を実現するために，「**令和の日本型学校教育**」を，社会構造の変化や感染症・災害等をも乗り越えて発展するものとし，今後，改革を進める必要がある。その実現に向けては，教育課程と関連付けることが求められており，新学習指導要領を踏まえ，教育課程に基づき組織的かつ計画的に各学校の教育活動の質の向上を図ること（**カリキュラム・マネジメント**）が重要である。

　また，新学習指導要領の着実な実施において，児童生徒自身による端末の活用を「**主体的・対話的で深い学び**」の実現に向けた授業改善に生かすこと，学びと社会をつなげることにより「**社会に開かれた教育課程**」を実現することなど，令和時代における学校の「**スタンダード**」として，「**主体的・対話的で深い学び**」の実現に向けた授業改善に資するように，これまでの実践とICTとを最適に組み合わせることで，学校教育における様々な課題を解決し，教育の質の向上につなげていくことが求められる。

　つまり，「**令和の日本型学校教育**」において，「**学習の個性化**」により児童生徒の興味・関心等を生かした探究的な学習等を充実すること，及び「**協働的な学び**」により児童生徒の個性を生かしながら社会性を育む教育を充実することが主張されている。

　これは，探究学習において，J.デューイの理論や，ドルトン・プランの原理において，「**個性重視の学び**」と「**協同的な学び**」が，同時に実現されてきたように，文部科学省の中央教育審議会においても，「**個別最適な学び**」と「**協働的な学び**」が，強調されているのである。1世紀以上も前から，児童生徒の，「**個性化**」と「**社会化**」の両面的な育成は，学校教育の普遍的テーマであるといえる。

226

①個別最適な学び（「個に応じた指導」（指導の個別化と学習の個性化）を学習者の視点から整理した概念）

◆新学習指導要領では、「個に応じた指導」を一層重視し、指導方法や指導体制の工夫改善により、「個に応じた指導」の充実を図るとともに、コンピュータや情報通信ネットワークなどの情報手段を活用するために必要な環境を整えることが示されており、これらを適切に活用した学習活動の充実を図ることが必要
◆その際、GIGAスクール構想による新たなICT環境の活用、少人数によるきめ細かな指導体制の整備を進め、「主体的・対話的で深い学び」を実現し、個々の家庭の経済事情等に左右されることなく、子供たちに必要な力を育む

指導の個別化

◆基礎的・基本的な知識・技能を確実に習得させ、思考力・判断力・表現力等や、自ら学習を調整しながら粘り強く学習に取り組む態度等を育成するため、支援が必要な子供により重点的な指導を行うことなどで効果的な指導を実現することや、子供一人一人の特性や学習進度等に応じ、指導方法・教材や学習時間等の柔軟な提供・設定を行う

◆「個別最適な学び」が進められるよう、これまで以上に子供の成長やつまずき、悩みなどの理解に努め、個々の興味・関心・意欲等を踏まえてきめ細かく指導・支援することや、子供が自らの学習の状況を把握し、主体的に学習を調整することができるよう促していくことが求められる
◆その際、ICTの活用により、学習履歴（スタディ・ログ）や生徒指導上のデータ、健康診断情報等を利活用することや、教師の負担を軽減することが重要

学習の個性化

◆基礎的・基本的な知識・技能や情報活用能力等の学習の基盤となる資質・能力等に応じ、一人一人に応じた学習活動や学習課題に取り組む機会を提供することで、子供自身が学習が最適となるよう調整する

◆基礎的・基本的な知識・技能等の学習の基盤となる資質・能力等を土台として、子供の興味・関心等を生かし、一人一人に応じた学習活動や学習課題に取り組む機会を提供することなどで、子供自身が学習が最適となるよう調整する

それぞれの学びを一体的に充実し
「主体的・対話的で深い学び」の実現に向けた授業改善につなげる

---

②協働的な学び

◆「個別最適な学び」が「孤立した学び」に陥らないよう、探究的な学習や体験活動等を通じ、子供同士で、あるいは多様な他者と協働しながら、他者を価値ある存在として尊重し、様々な社会的な変化を乗り越え、持続可能な社会の創り手となることができるよう、必要な資質・能力を育成する「協働的な学び」を充実することも重要
◆集団の中で個が埋没してしまうことのないよう、一人一人のよい点や可能性を生かすことで、異なる考え方が組み合わさり、よりよい学びを生み出す

◆知・徳・体を一体的に育むために、教師と子供、子供同士の関わり合い、自分の感覚や行為を通して理解する実習・実験、地域社会での体験活動など、様々な場面でリアルな体験を通じて学ぶことの重要性が、AIが高度化してSociety5.0時代にこそ一層高まる
◆同一学年・学級はもとより、異学年間の学びや、ICTの活用による空間的・時間的制約を超えた他の学校の子供との学び合いも大切

出所：文部科学省「『令和の日本型学校教育』の構築を目指して（答申）［概要］」（中央教育審議会）（p. 2）より作成。

考　察

1　「総合的な学習の時間」の学習指導案を作成せよ。

2　作成した学習指導案にみられる授業構想における適切な教育方法について述べよ。

3　「総合的な学習の時間」と「主体的・対話的で深い学び」（「アクティブ・ラーニング」）の意義について述べよ。

4　「探究学習」について述べよ。

5　「総合的な学習の時間」の意義について述べよ。

■■ 参考文献

石村卓也『教育課程——これから求められるカリキュラム開発力——』昭和堂，2009年。

伊藤朋子「ドルトン・プランにおける J．デューイの影響——「自由」と「協同」の理論をめぐって——」『日本デューイ学会紀要』第45号，2004年。

伊藤朋子『ドルトン・プランにおける「自由」と「協同」の教育的構造』風間書房，2007年。

伊藤朋子「ドルトン・プランにおける「経験」の教育方法学的考察——教育的経験の質を示す「自由」と「協同」の融合レベル——」『大和大学研究紀要』第1号，2015年。

岩手県立総合教育センター学習指導案

奥田真丈編，熱海則夫ほか『学校経営実践講座3』第一法規，1979年。

奥田真丈編，熱海則夫ほか『学校経営実践講座6』第一法規，1979年。

児島邦宏・天笠茂編『柔軟なカリキュラムの経営』ぎょうせい，2001年。

ジョン・デューイ『行動の論理学——探求の理論』河村望訳，人間の科学新社，2013年。

文部科学省「教育課程企画特別部会　論点整理について（報告）」2015年8月26日。

文部科学省「チームとしての学校の在り方と今後の改善方策について（答申）」（中教審第185号），2015年12月21日。

文部科学省「次期学習指導要領等に向けたこれまでの審議のまとめについて（報告）」（教育課程部会），2016年8月26日。

文部科学省「幼稚園，小学校，中学校，高等学校及び特別支援学校の学習指導要領等の改善及び必要な方策等について（答申）」（中教審197号），2016年12月21日。

文部科学省「「令和の日本型学校教育」の構築を目指して〜全ての子供たちの可能性を引き出す，個別最適な学びと，協働的な学びの実現〜（答申）」（中央教育審議会）2021年1月26日。

索　　引

《著者紹介》

石 村 卓 也 (いしむら たくや)

大和大学教育学部,
京都教育大学大学院連合実践研究科,
同志社女子大学教職課程センターの教授などの教員を歴任
専門 教育行財政, 学校経営, 教育制度, 教育課程, 教員養成
論文等
教育制度:「教員評価制度と職務グレード制度」(単著, 平成20年),「教員評価制度と査定昇給への反映」(単著, 平成21年),「学校評価と地域特性」(共著, 平成24年),『教職のしくみと教育のしくみ』(共著, 平成30年, 晃洋書房) など,
教育行財政:「稟議システムによる意思決定」(単著, 平成22年),「学校管理規則と政策形成過程」(単著, 平成24年),「人事管理システムと免職」(単著, 平成24年),「教育政策と教育課程編成」(共著, 平成28年),「人事管理システムと身分保障」(単著, 平成26年),「教育予算と政治的要因」(共著, 平成29年) など
学校経営:「学校経営と学校評価」(共著, 平成27年),「学校ビジョンと教育課程経営」(共著, 平成28年) など
教員養成:「求められる教員の資質能力と地域特性」(単著, 平成26年),「『学校における実習』」の設計と構造」(単著, 平成25年),『教師論』(単著書, 平成20年, ブックセンター) など
教育課程:『社会に開かれたカリキュラム』(共著, 平成30年, 晃洋書房),『教育課程』(単著書, 平成21年, 昭和堂),「豊かな心を基盤とした生きる力を育む学校教育(実証的研究)」(共著, 平成10年) など
教育史:『教育の見方・考え方』(共著, 平成29年, 晃洋書房)

伊 藤 朋 子 (いとう ともこ)

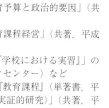

甲南大学文学部教授
奈良女子大学文学部, 大和大学教育学部などの教員を歴任
専門 教育哲学, 教育方法学, 学校経営, 教育課程, 教育史
論文等
教育哲学:「ドルトン・プランにおけるJ. デューイの影響——「自由」と「協同」の理論をめぐって——」(単著, 平成16年, 日本デューイ学会),『ドルトン・プランにおける「自由」と「協同」の教育的構造——その成立過程とJ.デューイの影響——』(博士論文, 単著, 平成17年),『ドルトン・プランにおける「自由」と「協同」の教育的構造』(単著書, 平成19年, 風間書房),『教育の原理』(共著書, 平成26年, 法律文化社) など
教育方法学:「特別活動におけるJ. デューイの『活動的な仕事』」(単著, 平成25年),「ドルトン・プランにおける「経験」の教育方法学的考察——教育的経験の質を示す「自由」と「協同」の融合レベル——」(単著, 平成26年) など
学校経営:「学校ビジョンと教育課程経営」(共著, 平成28年) など
教育課程:『社会に開かれたカリキュラム』(共著, 平成30年, 晃洋書房),「新・教職課程シリーズ」第5巻『教育課程論』(共著, 平成25年, 一藝社),「教育政策と教育課程編成」(共著, 平成28年) など
教育史:『奈良女子大学百年史』(共著, 平成22年, 能登出版),『教育の見方・考え方』(共著, 平成29年, 晃洋書房) など
教育制度:『教職のしくみと教育のしくみ』(共著, 平成30年, 晃洋書房)
教育行財政:「教育予算と政治的要因」(共著, 平成29年)
道徳教育:「道徳理論と指導法に関する『トランズアクション』の研究——コールバーグの道徳性発達段階へのデューイの影響——」(単著, 平成29年)

新・教師論
——チーム学校に求められる教師の役割と職務——

2021年9月20日　初版第1刷発行　　　＊定価はカバーに
　　　　　　　　　　　　　　　　　　　表示してあります

　　　　　　　　著　者　石　村　卓　也©
　　　　　　　　　　　　伊　藤　朋　子

　　　　　　　　発行者　萩　原　純　平

　　　　　　　　印刷者　河　野　俊一郎

　　　　　発行所　株式会社　晃　洋　書　房

　　〒615-0026　京都市右京区西院北矢掛町7番地
　　　　　　　　　電話　075(312)0788番(代)
　　　　　　　　　振替口座　01040-6-32280

装幀　HON DESIGN（小守 いづみ）　印刷・製本　西濃印刷㈱
　　　　　　ISBN 978-4-7710-3530-0